Un ménage à trois

Marc Roche

Un ménage
à trois

Albin Michel

*Ouvrage publié sous la direction
d'Alexandre Wickham*

Introduction

Camilla contre Diana, Charles mauvais arbitre, Andrew, le mari trompé mais complaisant, les enfants écartelés, la reine dépassée par les événements, l'aristocratie, le monde politique et l'Église déchirés.

Ce ménage à trois qui a fait vaciller l'un des plus vieux trônes au monde est une tragi-comédie où se mêlent le drame et l'innocence, l'arrogance et le doute, le flegme et la violence, les fastes et les frasques.

La saga se déroule à la fois à huis clos et sous l'œil des caméras et des journalistes du monde entier, dans une Angleterre prise entre la tradition et la modernité. S'y croisent aristocrates et roturiers, espions indélicats et chambrières indiscrètes, princes débauchés et princesses dérangées, sans oublier la couronne de Sa Majesté que l'on dit gracieuse.

Dans la meilleure tradition royale, il y a eu deux créatures dans la vie du prince Charles : une femme imposée par la Cour pour la pérennité de la dynastie et une femme qu'il aime. La première – chair fraîche et virginité certifiée par les médecins, née du meilleur sang bleu –

est là pour remplir le contrat royal : donner deux héritiers et montrer l'exemple. La seconde comprend le prince comme nulle autre femme, elle lui donne confiance, le materne – et il en a bien besoin –, lui insuffle son énergie vitale dans un accord charnel qui fait trembler la Couronne. Elle l'a accompagné dans les épreuves, les victoires, les défaites ou les traversées du désert.

Si la loi islamique punissant de mort l'adultère par la lapidation était appliquée à la haute société britannique, il serait extrêmement difficile de trouver quatre personnes pour faire un double mixte ! À l'époque des mariages arrangés, avoir des maîtresses était le plus souvent le seul passeport pour le plaisir. Le système avait l'avantage d'éviter le divorce préjudiciable aux enfants.

On s'aime, on se déchire, on se prend, on se déprend... Cette chronique romancée qui se déroule pendant plus de trente ans a pour cadre des palais, des manoirs, des garçonnières et des terrains de polo, glamour et mortifères.

Dans les décors de Buckingham Palace, de Highgrove et de Windsor, dans la capitale comme dans la campagne des *shires*, on observe les intrigues et les haines au sommet, les discussions familiales et les petits secrets d'une royauté qui fait toujours rêver. Voilà une incroyable histoire d'amour qui est aussi une formidable étude sociologique sur l'aristocratie britannique, ses codes, sa hiérarchie rigoureuse, ses lambeaux de gloire. Derrière le conte de fées et le drame se cache un thriller de la haute société la plus secrète et la plus puissante du monde.

Introduction

Ce livre se veut également un document sur les trois dernières décennies qui ont profondément modifié les attitudes et les modes de vie des Britanniques. De Thatcher à Major, de Blair à Brown, l'Angleterre a bien changé, l'histoire a été féconde, secouée par des changements de cap qui se produisent avec, en toile de fond, les ébats amoureux des grands de ce monde.

Le *soap opera* royal offre aussi une plongée dans la comédie humaine qu'est la presse populaire, laquelle s'enchante des frasques des Windsor. Les embrouilles sentimentales affichées au grand jour réjouissent les médias et alimentent les caisses. Les héros sont victimes ou consentants, mais toujours leurs aventures, mises en scène par la presse de caniveau et amplifiées par l'opinion publique, les dépassent jusqu'à devenir parfois des enjeux politiques.

Au-delà de l'amour, ce ménage unique, qui a bouleversé le cours de l'histoire britannique et évoque le bruit et la fureur de Shakespeare, est aussi un choc d'ambitions : la détermination de Diana à épouser le célibataire le plus célèbre au monde et à devenir princesse de Galles, la volonté de Camilla d'égaler sa parente Alice Keppel, maîtresse du prince de Galles puis roi Edward VII, et le souci de Charles d'assurer la pérennité dynastique.

Et puis le destin, le *fatum*, s'en est mêlé. Comme dans les tragédies antiques.

CHAPITRE 1

Première trahison

En ce 27 juillet 1981, Liverpool est en proie aux plus graves émeutes de l'après-guerre. Mais le reste de l'Angleterre exulte : dans moins de quarante-huit heures, l'héritier du trône convolera en justes noces avec Lady Diana Spencer. Charles déserte pourtant la beuverie que lui ont organisée ses amis pour enterrer sa vie de garçon. Car c'est dans les bras d'une autre femme qu'il passe ses dernières heures de liberté. Une certaine Camilla Parker Bowles.

Le prince de Galles et sa maîtresse se sont retrouvés dans la garçonnière de Wellington House, demeure historique de Hyde Park Corner. Elle a été prêtée à Charles par le marquis de Douro, son ami d'enfance. Il offre à Camilla un somptueux bracelet acheté chez Garrard, joaillier de la Cour. Au dos du bijou, il a fait graver « Fred et Glady's ». Ce sont les surnoms que se sont donnés les deux amants en hommage aux gags des deux personnages d'une des plus célèbres émissions radiophoniques du Royaume-Uni, le *Goon Show*.

La garçonnière est à deux pas de Buckingham Palace.

Une douche et Charles n'a qu'une avenue à traverser pour rejoindre le palais.

La reine a organisé pour le futur couple princier un dîner en comité restreint suivi d'un bal avec plus de huit cents invités. Diana est resplendissante. Le champagne Krug coule à flots. On danse le cha-cha-cha, la valse et le rock and roll. Le bal est l'événement mondain de l'après-guerre. La future princesse de Galles est la première Anglaise à avoir épousé un héritier du trône depuis Anna Hyde, femme du futur Jacques II, en 1659. Le royaume est plus immortel que jamais.

Tout le *Who's Who* de la royauté, de l'aristocratie et de la politique est présent. Charles n'aime pas danser mais il se force en ouvrant le bal avec Diana. On le retrouve pourtant un peu plus tard sur la piste de danse... avec Camilla dans les bras. Un peu ivre, Diana ne remarque rien.

À vingt-deux heures, le major Andrew Parker Bowles, qui a épousé Camilla huit ans auparavant, regagne la caserne voisine des grenadiers royaux. Il doit se lever à l'aube pour passer en revue les lanciers de l'escorte royale qu'il commandera lors du mariage à la cathédrale St. Paul. À une heure du matin, Diana regagne ses appartements de Clarence House, résidence de la reine mère où elle s'est installée après ses fiançailles. Une heure plus tard, c'est Charles qui s'éclipse.

L'orchestre des gardes royaux entonne le *God Save the Queen*. C'est le signal de la fin du bal.

« Attendez-moi, je vais me refaire une beauté », dit Camilla à ses amis qui doivent la ramener chez elle.

Elle ne les rejoindra jamais. Stephen Barry, le valet personnel de Charles, a escorté Camilla jusqu'à la chambre du prince située juste au-dessus des appartements de la reine. Un parcours du combattant, car le palais a été transformé en hôtel cinq étoiles pour accueillir les familles royales du monde entier et des gardes du corps sont disséminés à tous les étages.

Mais le risque accroît le désir.

« Il était fou d'elle. C'était le dernier jour pour tous les deux. Mais retrouver sa maîtresse la veille de son mariage, c'était audacieux, sinon stupide », confiera par la suite le valet après avoir trahi la confiance de son maître en échange des trente deniers offerts par la presse.

Tendrement enlacés, ils écoutent la foule sur le trottoir chanter l'hymne patriotique, *Rule Britannia, Britannia rules the Waves*.

– Vous êtes si courageux face à cet événement. Je suis tellement fière de vous.

– Ce mariage me terrifie. Elle est tellement jeune ! Et puis elle est toujours à cran.

– Tout ira bien. Après, vous serez à ce point heureux que vous allez oublier votre vieille maîtresse.

– Vous êtes la seule femme que j'aie vraiment aimée. Personne ne prendra jamais votre place. Diana devra s'y faire.

– Nous resterons amis, mais pas plus. Il faudra s'y habituer.

C'est une folle nuit d'amour, mais la dernière. La décision de Camilla est irrévocable : à la seconde où Charles aura épousé Diana, elle cessera d'être sa maîtresse. Non par jalousie mais pour respecter la règle intangible de l'aristocratie britannique. Les conjoints doivent avoir deux enfants avant, éventuellement, de céder à l'adultère. C'est ainsi que les lignées héréditaires se préservent des bâtards.

Camilla quitte le palais à cinq heures et demie dans une voiture banalisée qui disparaît dans un léger brouillard matinal.

Pour Diana aussi, cette nuit est blanche, mais pas pour les mêmes raisons. À Clarence House, elle contemple la robe de mariée qui a été placée sur un mannequin dans sa chambre. La reine lui a offert deux coffrets à bijoux contenant un collier d'émeraudes, une tiare de diamants et de perles blanches ayant appartenu à la reine Mary, la grand-mère adorée de Sa Majesté. Charles lui a envoyé un mot affectueux : « Je suis si fier de vous. Quand vous remonterez la nef demain, je serai là pour vous, à l'autel. Vous ferez un malheur. »

Diana aurait aimé inviter les trois amies avec lesquelles elle partageait un appartement à Earl's Court, quartier un peu bohème de Londres, pour qu'elles passent avec elle sa dernière nuit de jeune fille. Elizabeth II a toutefois mis son veto. La future princesse de Galles doit se reposer.

Sur ce point, Diana a cédé à la volonté du palais.

D'habitude, les mariages royaux ont lieu à l'abbaye de Westminster, nécropole des souverains, panthéon des gloires nationales, chef-d'œuvre d'art gothique. Mais d'un commun accord, le couple a préféré la cathédrale St. Paul. Par ailleurs, traumatisée par le divorce de ses parents qui s'étaient mariés à Westminster, Diana n'a pas voulu tenter le sort. Les motifs décorant la grande coupole évoquent la vie de saint Paul, qui a enseigné la foi, l'espérance et par-dessus tout l'amour.

De plus, allant une nouvelle fois contre l'avis de la Cour, Diana a préféré deux jeunes couturiers inconnus, David et Elizabeth Emmanuel, aux designers favoris de Sa Majesté, Norman Hartnell ou Hardy Amies. Lors des essayages, où elle se rend seule, la future mariée ajoute sa touche personnelle : le fer à cheval incrusté de diamants cousu à la taille en guise de porte-bonheur, c'est elle.

Mais surtout, sur la liste de ses invités au petit déjeuner de Buckingham Palace précédant les noces, Diana a rayé le nom de l'ancienne maîtresse attitrée de son futur mari, Camilla Parker Bowles. Celle-ci est également exclue du buffet servi après le service religieux. Une ouverture des hostilités tout en douceur comme seule une Anglaise jalouse en est capable. Charles n'a pas osé s'opposer à la décision de sa future épouse. « Des enfantillages », dira par la suite Camilla. Il est déconcerté par l'hostilité immédiate de Diana envers cette dernière. En prince gâté, imbu de sa légitimité, il ne comprend pas que son bon vouloir ne soit pas du goût de tout le monde.

Et, ultime coup de théâtre, Diana refuse au dernier moment le rituel obligeant la jeune promise à jurer obéissance à son époux. Comme si elle ne voulait pas commencer la vie conjugale par un mensonge !

Avant même le mariage, une minuscule fêlure s'est déjà dessinée entre eux.

CHAPITRE 2

Mariage

C'est pourtant un conte de fées qui semble se dérouler le 29 juillet 1981 sous les yeux de sept cents millions de téléspectateurs.

Le temps est radieux. Massée sur le parcours entre Clarence House, à une encablure de Buckingham Palace, et la cathédrale St. Paul, la foule fait une immense ovation au carrosse aux moulures d'or et aux vitres blindées. Surnommée « Cendrillon », cette même voiture ancienne avait été utilisée pour le couronnement de George V, soixante-dix ans auparavant. Ce véhicule capitonné marque la continuité de la monarchie à travers les âges. La ferveur du peuple, en majorité des jeunes, monte en une énorme acclamation quand la princesse descend de « Cendrillon » devant la cathédrale.

La nation découvre *la* robe dont le secret a été jalousement gardé pendant quatre mois. C'est une composition de taffetas, de soie ivoire et de dentelle ancienne brodée à la main, de perles, de sequins et de nacre. Plusieurs jupons en crinoline et en tulle ivoire donnent à la jupe tout son volume. La robe a dû être légèrement retouchée à la dernière minute car le stress depuis ses fiançailles, annoncées le 24 février, a fait perdre à Diana plusieurs kilos et trois centimètres de tour de taille.

Le voile est retenu par une tiare de diamants appartenant à la famille de la mariée, les Spencer, l'une des plus anciennes lignées du royaume, antérieure même aux Windsor. La paire de boucles d'oreilles en diamants en forme de goutte d'eau lui a été prêtée par sa mère, Frances Shand Kydd. L'apparition de la volumineuse traîne en taffetas et crinoline crémeuse de sept mètres soixante arrache un cri d'admiration à la foule piquetée de petits drapeaux britanniques. Gardénias, roses d'or, orchidées blanches, fleurs de lis et freesias : le bouquet a été offert par la corporation des jardiniers de Londres. Les cinq demoiselles d'honneur, toutes issues de l'aristocratie, sont coiffées de couronnes de fleurs fraîches. Les deux pages, eux aussi titrés, portent l'uniforme des cadets de la Royal Navy du XIXe siècle.

En évoquant la scène, Léon Zitrone, l'envoyé spécial de la télévision française, commente : « Vous étiez inquiète, Madame, rassurez-vous, vous êtes superbe. »

Charles, qui attend sa future femme devant l'autel de St. Paul, arbore la tenue de cérémonie de la marine. Il est ceint du ruban bleu de l'ordre de la Jarretière, à la célèbre devise (en français) « Honni soit qui mal y pense ». À l'exemple de ses deux témoins, ses frères Andrew et Edward, le prince de Galles se fige au son des trompettes. Les deux mille six cent cinquante invités se lèvent.

La mariée fait son entrée, au bras de son père, Lord Spencer. Relevant d'une hémorragie cérébrale, le comte a la démarche indécise. C'est davantage lui qui s'appuie sur le bras de sa fille que le contraire. Lady Diana Spencer apparaît un peu gauche, mais déjà majestueuse quand elle remonte l'allée de la cathédrale, sa traîne glissant sur le tapis d'honneur. Elle rejoint son futur époux devant le baldaquin et leurs regards se croisent.

À la droite des mariés, la famille royale. Les trois fauteuils du premier rang sont occupés par la reine, la reine mère et le prince Philip. Elizabeth II, sévère comme à son habitude, est habillée et chapeautée en bleu turquoise alors que sa mère a opté pour un ensemble vert pâle très tendre dans les tons pastel dont elle raffole. Le duc d'Édimbourg, en tenue d'officier de la Royal Navy, a la classe d'un Laurence Olivier dans *La Bataille d'Angleterre*. Derrière eux ont pris place la princesse Margaret, l'air absent dans sa robe rose fuchsia, la princesse Anne avec un chapeau jaune orné de fleurs jaunes artificielles, le prince Andrew, éblouissant dans son uniforme de cadet de marine, et le prince Edward, en queue-de-pie.

À la gauche des mariés, la famille Spencer. Seule absence dans le clan de la mariée, Barbara Cartland, auteur de centaines de romans à l'eau de rose et mère de la deuxième épouse du comte Spencer. Ses tenues excentriques, ses propos de salle de garde et ses caniches blancs auraient trop détonné.

Derrière le couple, toutes les têtes couronnées d'hier et d'aujourd'hui sont là, à une exception près, la famille royale d'Espagne, qui boycotte la cérémonie en raison de l'escale à Gibraltar prévue pendant le voyage de noces. L'Espagne ne reconnaît en effet pas la souveraineté de la Couronne sur l'enclave britannique face à l'Afrique. On distingue la princesse de Thaïlande, un prince du Swaziland, Michel de Roumanie et l'énorme roi du Tonga écrasant la frêle épouse du président américain, Nancy Reagan. Fraîchement élu, le président François Mitterrand porte la jaquette tandis que sa femme Danielle a choisi chez Torrente une robe chemisier en crêpe beige et un blazer en dentelle à l'élégance discrète. Diana n'est pas parvenue à assimiler leurs noms, malgré le gavage de fiches sur les arcanes dynastiques et politiques auquel le palais l'a soumise. Margaret Thatcher est assise sur le bord de sa chaise, les mains croisées sur les genoux. « Il était temps qu'il se marie », se dit la première femme à gouverner une grande démocratie en Occident.

Avant le début de la bénédiction nuptiale, Charles glisse à l'oreille de sa future épouse : « Vous me semblez nerveuse, relaxez-vous ! Tout ceci est merveilleux. » Elle lui répond d'un sourire crispé : « Vous avez raison. » L'homélie de l'archevêque se perdra dans le tourbillon de ses pensées. Diana est obsédée par le protocole et la complexité des rouages de la cérémonie. La grande fille blonde un peu gauche a peur de glisser sur le tapis couleur fraise sous le regard des caméras, d'oublier ses répliques, de se ridiculiser devant la Terre entière. La future reine d'Angleterre paraît si fragile sous son voile de soie, malgré son sourire de printemps et son regard lumineux.

Elle voudrait laisser éclater son bonheur mais l'étiquette du « mariage du siècle » l'en empêche.

La cérémonie religieuse est réglée avec la précision d'un métronome. Dans un souci d'œcuménisme, les représentants des Églises catholique, méthodiste et presbytérienne d'Écosse sont invités à partager le service sous la direction de Mgr Robert Runcie, primat de l'Église d'Angleterre et archevêque de Canterbury. Le prince Charles a choisi le programme musical : l'oratorio *Samson* de Haendel, interprété par la soprano néo-zélandaise Kiri Te Kanawa, et l'hymne patriotique *I Vow to Thee My Country* (« Je place mon pays sous ta protection »), chant anglican dédié aux soldats de la Première Guerre mondiale combattant dans les tranchées, pour clore la cérémonie. Charles aime tout particulièrement l'acoustique de St. Paul dont l'architecture lui rappelle ces palais baroques à l'italienne qu'il aime tant.

Il se fait un profond silence quand le primat demande, comme le veut la tradition anglicane, si quelqu'un dans l'assistance a une raison de s'opposer au mariage. Puis vient la question rituelle : « Charles Philip Arthur George, acceptez-vous de prendre cette femme pour épouse ? » De sa voix légèrement enrouée mais assurée, le prince réplique avec conviction : « *I will.* »

Lorsque arrive le tour de Diana, c'est dans un murmure qu'elle s'engage à vivre avec Charles dans la fidélité et selon les prescriptions de Dieu. Mgr Runcie unit ensuite leurs mains droites pendant que les époux répètent après lui la formule du mariage qu'il récite : « Pour le meilleur et pour le pire, pour la richesse et pour la pauvreté, dans la félicité, pour t'aimer et te chérir jusqu'à ce que la mort nous sépare. » Quand elle prononce ses vœux, lors du moment le plus solennel, Diana fait une gaffe : elle s'empêtre dans les quatre prénoms du marié, plaçant Philip avant Charles.

Dans le service anglican, il n'y a pas d'échange d'alliances. L'archevêque bénit l'anneau en or du pays de Galles que Charles passe à l'annulaire de sa femme.

Après le chant d'un psaume, le président de la Chambre des communes, lui aussi originaire du pays de Galles, lit le chapitre XIII de la première épître de saint Paul aux Corinthiens, revu par les anglicans : « Maintenant, trois vertus demeurent, la foi, l'espérance, l'amour. La plus grande des trois, c'est l'amour. »

Trompettes, orgues et chœurs se succèdent. Les mariés signent le registre de la cathédrale.

Une troisième sonnerie de clairon retentit, le cortège nuptial se reforme. Après s'être inclinée en une profonde révérence devant la reine, la mariée, au bras de son époux, descend l'allée centrale. Le voile de tulle est maintenant relevé. Les cloches de St. Paul et de toutes les Églises de la City se mettent à sonner.

Sabre au clair, bardés d'un plastron d'acier sur un uniforme bleu marine, le casque aux larges plumes blanches scintillant, les vingt-quatre cuirassiers des Blues and Royals escortent le couple princier qui rejoint Buckingham Palace à bord d'un landau. Le long trajet permet d'associer le public au conte de fées. Des détachements de plusieurs régiments, dont le prince de Galles est colonel en chef, rendent les honneurs.

Arrivés à Buckingham Palace, les mariés sont accueillis par des gardes à bonnet à poils figés dans une impressionnante immobilité alors que retentit le *God Save the Queen*. Par le grand escalier aux marches étroites couvertes de velours rouge, le couple gagne le petit salon jaune aux motifs chinois qui permet d'accéder au célèbre balcon drapé de pourpre et d'or. Ce lieu est l'un des symboles du lien unissant le peuple à la monarchie.

C'est sur ce balcon que les Windsor mettent en scène leur vie familiale idéale. « Charlie, Di au balcon ! » hurlent trois cent mille personnes massées sur la place face au palais. À la quatrième apparition du couple, Charles demande à la reine l'autorisation d'embrasser son épouse. La souveraine acquiesce d'un bref sourire. Surprise, ce n'est pas sur la joue qu'il embrasse Diana mais sur la bouche. La planète entière assiste à ce témoignage inédit d'affection royale.

Le peuple est rassuré, les futurs souverains s'aiment. Les sondages indiqueront plus tard que la popularité de la monarchie avait atteint ce jour-là son zénith. « Un mariage princier est le brillant symbole d'un fait universel. Brillant parce qu'il est riche d'apparat ; universel parce qu'un mariage est une expérience commune à tous et, comme telle, elle fascine les hommes » : plus que jamais, cette maxime de Walter Bagehot, le constitutionnaliste du XIXe siècle qui a codifié la monarchie, est d'actualité.

Prise sous le grand dais de la salle du trône, la photo de famille regroupe les Windsor, les Spencer et tout le gotha des monarchies européennes autour des mariés. Pour éviter une pose académique, le photographe Patrick Lichfield, cousin de la reine et figure de la jet-set, fait sourire les cinquante personnes au son d'un sifflet.

Cent dix-huit invités, les deux familles et les têtes couronnées, divisés en petites tables, sont conviés au déjeuner de noces dans la salle de bal de Buckingham Palace. Au menu du banquet figurent des quenelles de barbue cardinal, un suprême de volaille princesse de Galles, des blancs de poulet farcis de mousse d'agneau servis avec une sauce à la menthe et, pour dessert, des fraises à la crème. À l'aide de son épée d'apparat, Charles découpe la pièce montée de cinq étages, spécialement préparée par l'école de cuisine de la Royal Navy. Le repas est accompagné d'un Krug 1969 et d'un Château-Latour 1959.

À l'issue du banquet, Charles et Diana quittent le palais à bord d'un carrosse découvert tiré par quatre chevaux blancs. Un panneau a été posé à l'arrière du véhicule, décoré de deux cœurs percés d'une flèche, sur lequel est écrit, de manière peu protocolaire, « *Just Married* ». La famille royale escorte jusqu'aux portes du palais le couple, lançant à son passage des pétales de roses.

Le landau se dirige vers la gare de Waterloo d'où le couple partira pour Romsey, le manoir de la famille Mountbatten. Les jeunes mariés doivent y passer leur nuit de noces. Diana est finalement détendue et souriante. Elle pense aux cent mille lettres et aux quinze mille cadeaux reçus. Elle se demande ce qu'elle va faire des trois chambres à coucher en acajou, des deux perroquets causeurs et du puits de pétrole offert par un émir.

Pendant le trajet, son regard croise soudain celui de l'officier commandant l'escorte à cheval. Il s'agit d'Andrew Parker Bowles, le mari de Camilla. Une scène lui revient alors à l'esprit. Elle descendait la nef au bras de Charles quand elle a remarqué une jeune femme blonde vêtue de gris, la silhouette svelte et élancée, le port de tête gracieux, le visage empreint d'autorité, les yeux impérieux : c'était Camilla. Les mains croisées devant elle, l'invitée, coiffée d'une toque à voilette, avait un léger sourire aux lèvres, un peu contraint. Elle était flanquée de son petit garçon, Tom, debout sur une chaise. Diana l'a regardée droit dans les yeux.

« Je m'en souviens comme si c'était hier. Sa robe était couleur de cendres, comme à des funérailles », racontera-t-elle plus tard. Et Camilla elle aussi évoquera cet épisode, confiant à une amie avoir trouvé une certaine grâce à la très jeune princesse resplendissante qu'elle avait jusque-là toujours surnommée l'« oie blanche ».

Le prince Charles avait senti le pas de Diana ralentir. Il en connaissait la raison mais évita d'affronter le regard de sa maîtresse. Déjà, il se réfugiait dans l'étiquette en saluant, à droite, à gauche, les dignitaires. Il accéléra alors le pas, entraînant la nouvelle princesse de Galles vers la sortie de la cathédrale.

Le train royal arrive à Romsey. Pourquoi Charles a-t-il insisté pour passer sa nuit de noces dans le manoir des Mountbatten alors que les Windsor ont des châteaux dans tout le Royaume-Uni ? Par tradition familiale. C'est en effet dans le même lit à baldaquin Tudor que la princesse Elizabeth et son mari ont passé leur première nuit de noces, en 1947. Mais une raison plus trouble a dicté ce choix. C'est dans ce même lit qu'il a fait pour la première fois l'amour avec Camilla, en 1971. Simple manque de tact ou perversité ?

Diana est vierge. Cette première nuit d'amour est un échec. Le prince en fait l'impudique aveu à son hôte au cours du petit déjeuner : « Rien de spécial. Plaisant certes, mais elle était si naïve. Elle n'avait aucune expérience au lit. Elle était maladroite. »

Peut-être Charles aurait-il dû s'inspirer de la maxime figurant sur l'estampe française du XVIII\ :sup:`e` siècle qui surplombe le lit nuptial : « Considération, tendresse, courtoisie... Tout cela s'épuise au cours de la même journée. Bientôt l'hymen languit et voit s'enfuir l'amour. » Le sujet de l'estampe ? Une jeune fille, un soupirant à ses pieds. « Excellent, mais pas facile », se dit Charles. « C'est tout simplement sinistre », lance Diana qui s'est fait traduire le texte français.

Quatorze ans plus tard, la princesse évoquera l'échec de son union en ces termes : « Dans ce mariage, il y avait embouteillage. Nous étions trois. »

Elle mettra du temps à s'en rendre compte.

CHAPITRE 3

Rencontre

— C'est une belle monture que vous avez là, Votre Altesse Royale.

— En plein galop, on dirait qu'elle danse.

— Je m'appelle Camilla Shand. Enchantée, Sir.

— Enchanté.

La scène se déroule par un après-midi pluvieux de l'été 1971, en lisière du soyeux terrain de polo de Windsor Great Park. Le prince Charles, en sueur, trempé jusqu'aux os et grelottant de froid, caresse la crinière de son poney. De l'autre main, il joue avec une balle de polo. La jeune femme blonde qui s'est adressée à lui est vêtue d'un Barbour vert de toile cirée, d'un pantalon de velours côtelé et de bottes Wellington.

— Savez-vous, Camilla, que le premier match de polo qui s'est déroulé dans ce pays a eu lieu à Hounslow ?

— C'est beau d'être allé à l'université. Êtes-vous également doué pour les mots croisés, Sir ?

— Mais ne m'appelez pas Sir. Appelez-moi Charles.

Elle allume une cigarette.

— La fumée ne vous dérange pas, Charles ?

– Pas du tout. La moitié de ma famille fume comme une cheminée.

– Avez-vous d'autres vices ?

Le culot de Camilla tranche avec son style champêtre et son visage sans maquillage. Incroyable qu'elle s'adresse au futur roi avec une telle désinvolture. Pourtant rompu à l'art de la conversation avec des inconnus, Charles balbutie une phrase incompréhensible. Gêné, il se réfugie dans un sourire nigaud, déjà sous l'emprise de Camilla :

– Tous les vices du monde. J'aimerais beaucoup vous revoir.

Dans la soirée, Camilla rencontre la princesse Anne au club Annabel's, le point d'ancrage de la gentry à Londres.

– Quelle coïncidence, Votre Altesse Royale. Je viens de faire la connaissance de votre frère.

– Pas trop déçue ?

– Au contraire, Ma'm, c'est un gentil garçon.

Le prince et Camilla se rencontrent à plusieurs reprises. Un soir, Charles la raccompagne chez elle.

– Voulez-vous un cognac ?

– Non, merci, je dois piloter un avion de combat demain. Une tasse de thé me suffit.

– Vous devez avoir une vie difficile.

– Mes parents ont planifié ma vie. Ma destinée est d'être roi. Je dois donc me préparer à cette tâche. Je vous ennuie avec toutes ces histoires ? Vous voulez que je parte ?

— Surtout pas, Charles, venez vous asseoir près de moi. Savez-vous que nous avons des parents en commun ? Mon arrière-grand-mère fut l'amante de votre trisaïeul. Fascinant, non ? continue Camilla.

Difficile en effet d'être plus explicite : Alice Keppel avait été la maîtresse d'Edward VII à la fin du xixe siècle. Sa devise, « Ma tâche consiste à faire la révérence et à plonger dans le lit », est restée célèbre à la cour d'Angleterre...

— Oublions la révérence, réplique Charles.

Quelques semaines plus tard, sur le balcon de Buckingham Palace, lors d'une revue des troupes, Charles et sa sœur ont un aparté :

— La rumeur court que vous sortez avec Camilla.

— C'est juste un flirt sans importance

— Amusez-vous bien. Camilla, elle est spéciale...

La jeune femme que le prince a rencontrée sur le terrain de polo de Windsor est née le 17 juillet 1947 dans l'aile privée du King's College Hospital, à Londres. Sa famille n'appartient pas à la noblesse mais elle fait partie de cette grande bourgeoisie associée à l'aristocratie sans en avoir le titre.

Son père, Bruce Shand, est détaillant en vins installé à Mayfair, le quartier le plus chic de la capitale. C'est aussi un ancien commandant des lanciers de la reine, un régiment d'élite de la maison royale, décoré à deux reprises pour bravoure lors de la Seconde Guerre mondiale. Cet amateur de chasse à courre est également *Yeoman*, fonction honorifique de garde du corps de la souveraine dont il devient l'un des représentants dans le comté de l'East Sussex.

Quant à maman, Rosalind, quatrième fille du comte d'Ashcombe, elle compte parmi ses ancêtres Thomas Cubitt, le bâtisseur du centre de Londres. Le couple est aisé sans être riche. Les Shand possèdent une propriété à Plimpton, un village de carte postale dans le Sussex, et un appartement à Londres, près de Hyde Park. Madame a un compte auprès des trois grands magasins les plus huppés de la capitale, Harrods, Peter Jones et Harvey Nichols.

Camilla est élevée à Plimpton. La famille emploie domestiques, gouvernantes et répétiteurs. Sa petite enfance est idyllique, dans cet univers douillet et réconfortant de salles de jeu, d'histoires pour enfants racontées par des nounous, d'animaux familiers, poneys, chiens, chats et oiseaux. Femme d'ordre et de principes, Rosalind s'est dévouée corps et âme à ses enfants, Camilla, née en 1947, Annabel en 1949 et Mark en 1951. L'atmosphère familiale est baignée de chaleur et d'amour.

La petite Camilla est un vrai garçon manqué. Elle n'a peur de rien, grimpe dans les arbres plus vite que les garçons, dont elle préfère la compagnie à celle des filles. Tradition familiale oblige, à l'âge de cinq ans, elle est inscrite au pensionnat Dumbrells dans le Sussex. Même pour les filles, le régime est spartiate : absence de chauffage en hiver, douches glacées, discipline rigoureuse. Camilla supporte aisément cette vie à la dure.

Ensuite, elle fréquente l'établissement privé pour jeunes filles le plus renommé de Londres, Queen's Gate School. La mission de cette institution est de former les futures épouses de diplomates. Le cursus comprend l'initiation au bridge, le maintien raide sur le siège, les leçons d'élocution. On y cultive en toute bonne conscience un esprit d'élitisme.

Là encore, « Milla », son diminutif, s'intègre facilement. Très vite, elle devient chef de dortoir. Coiffure sage, très léger maquillage pour faire ressortir son teint de pêche et le bleu de ses yeux, invariablement vêtue d'une jupe de tweed et d'un pull-over noir rehaussé d'un collier de perles blanches, ses camarades la décrivent solide, fiable, amusante. Elle est très populaire.

Comme il convient à sa caste cosmopolite, elle complète son éducation en Suisse et en France au milieu des années soixante. L'école privée genevoise Mon Fertile affine sa formation mondaine : l'art de la conversation, l'étiquette, le tricot, la dégustation des vins, les règles de secourisme, le choix d'une gouvernante et la tenue de la comptabilité du foyer. À l'Institut britannique de Paris, elle apprend des rudiments de français et des recettes de cuisine. Entre Neuilly et le seizième arrondissement, la demoiselle flirte et embrasse les petits Frenchies des rallyes de la jeunesse aristocratique parisienne. C'est une fille nature qui ne se fait pas les ongles. Ses cheveux sont coiffés à la diable. Elle aime s'habiller sport, enfilant un pull hors mode et le premier jean qui lui tombe sous la main. Elle privilégie les tissus écossais, les vestes de chasse en coton enduit, les chaussures à talons plats, les foulards Hermès, la broche de famille.

En 1965, à l'âge de dix-huit ans, sa mère lui offre sa première surprise-party à Knightsbridge. Sa robe blanche est éclatante. Elle danse avec tous les garçons. Ce n'est peut-être pas la plus jolie fille de la soirée, mais c'est la plus sensuelle.

Deux jours plus tard, un jeune homme de dix-neuf ans, Kevin Burke, qu'elle a rencontré à sa soirée, l'initie à l'amour. Formé au moule du collège d'Eton, le fils du vice-président du fabricant d'avions Hawker Siddeley est très riche et parfaitement séduisant. Un prince charmant… mais tellement ennuyeux. Kevin adore celle qu'il décrit comme « drôle, vivante, attirante et sexy sans être un canon de beauté ». Elle rompt avec délicatesse après quelques mois. Son premier boyfriend ne lui en a jamais tenu rigueur. Au fond, ils ne se sont jamais compris. « Elle mentionnait constamment l'exemple d'Alice Keppel, dira-t-il plus tard. C'était son modèle, son talisman. Elle voulait l'égaler, sinon la dépasser. »

Il cherchait une femme. Elle cherchait un roi.

Sa vraie présentation dans le monde a lieu lors du bal des débutantes, où l'on retrouve tous les grands noms de la haute société, qui se déroule au Grosvenor Hotel. C'est le *Queen Charlotte Ball*, un événement mondain créé en l'honneur de l'épouse de George III, amie de Marie-Antoinette et mère de quinze enfants. Autrefois, les jeunes filles de la bonne société étaient présentées à Buckingham Palace. Dans un souci de démocratisation, la reine ne parraine plus l'événement depuis 1958. « Nous dûmes y mettre le holà. Toutes les pouffiasses de Londres réussissaient à s'y infiltrer », déclara de son ton inimitable la princesse Margaret.

Faute de Sa Très Gracieuse Majesté, c'est donc devant un gâteau en sucre de deux mètres de haut représentant ladite reine Charlotte que Camilla fait sa révérence.

Secrétaire à mi-temps puis vendeuse dans un magasin de décoration à la mode, elle partage un appartement avec la fille de Lord Carrington, ministre de la Défense dans le gouvernement conservateur d'Edward Heath. Virginia Carrington se plaint de son désordre, mais les deux copines sont inséparables.

La saison mondaine s'étend de mars à septembre. Le prestige de cette épuisante course d'obstacles nourrie des rites et des traditions du royaume est resté intact, en marge des bouleversements sociaux et de l'évolution des mœurs. Le marathon de Camilla commence aux floralies de Chelsea, les plus belles du monde. Les premières de l'opéra de Glyndebourne et ses soupers sur l'herbe entre deux airs de bel canto suivent. Les courses hippiques d'Ascot et d'Epsom, où l'on sirote des « Pimm's » dans la tribune royale sont une autre étape obligée. Les régates de Henley et de Cowes regroupent l'élite mondaine de l'aviron. Enfin, l'*International Polo Day* de Windsor où blazer, col cassé et canotier pour les messieurs, chapeau de paille ou de tulle pour les dames sont de rigueur.

Camilla a été formée aux usages de sa classe. Les grandes familles ont des territoires qui leur sont propres. À l'image des tribus nomades, la gentry trace des courants migratoires bien définis. Le code de conduite, les endroits réservés témoignent d'un besoin de continuité, de la nostalgie d'un passé glorieux. À Ascot comme à Glyndebourne, entre deux sandwichs au concombre, deux bouchées de pâté en croûte et deux coupes de Krug glacé, on tire orgueil de sa lignée ancestrale. De nos jours, certains outsiders – oligarques russes, héritières américaines, cheikhs arabes – sont acceptés du bout des lèvres par ceux qui se considèrent comme les dépositaires de la réputation du royaume. De telles violations de frontières sont inacceptables dans les années soixante quand Camilla participe à sa première « saison » dans l'espoir de se trouver un mari.

Espoir déçu.

Au cours d'une manifestation hippique, elle rencontre son premier grand amour : Andrew Parker Bowles. C'est un brillant officier des Blues and Royals, le plus coté des régiments royaux. Grand, les yeux bleus, la mèche tombante, l'humour caustique, du charme à revendre, ce séducteur fait rêver bien des mères et leurs filles. Ce cavalier émérite, excellent joueur de polo, charme de son sourire et de son œil malicieux. Camilla est follement amoureuse. C'est sans doute le plus bel homme qu'elle ait jamais rencontré de sa vie. Il devient son petit ami.

La haute société est un monde très fermé. Andrew est issu du même milieu que les Shand. Le gentilhomme porte un nom à tiroirs, comme il sied aux hobereaux. C'est un ami de longue date du prince Charles, et son père est celui de la reine mère, qui est sa marraine. Il fut l'un des garçons d'honneur au couronnement d'Elizabeth II. Camilla se voit déjà sortant de l'abbaye de Westminster au bras de celui qui sera l'homme de sa vie. Seul petit problème, mais il n'est pas insurmontable, Andrew est catholique alors que les Shand sont anglicans, la religion d'État.

Ce beau gosse loue une garçonnière à Portobello Road, dans le quartier bohème de Notting Hill, pour y rencontrer Camilla. Elle se donne entièrement à cette liaison. Andrew est un amant inventif mais c'est aussi un homme à femmes. On ne saurait compter le nombre de ses conquêtes passées et présentes. Camilla sait qu'elle n'est pas la seule à être reçue dans le nid d'amour du bel officier. Andrew joue de son succès auprès des femmes en ne faisant pas mystère de ses nombreuses aventures.

Un matin, Camilla arrive à l'improviste et surprend son amant au lit avec une conquête de la nuit précédente. « Elle est plutôt laide. Tu peux faire mieux. Tu te contentes maintenant de marchandises avariées ? » lance-t-elle en tournant les talons.

Davantage que les amours d'un soir collectionnées par son amant, c'est une rumeur autrement plus sérieuse qui brise le cœur de Camilla. Andrew a une liaison avec la princesse Anne, la fille de la reine, âgée de dix-neuf ans. Et les mauvaises langues racontent même que le bel officier est le premier vrai amant de la princesse.

Camilla est désespérée. Une idée folle germe dans sa tête.

Puisque Andrew, l'amour de sa vie, a eu Anne, elle aura son frère, le prince Charles.

Comment s'y prendre ? Elle ne connaît pas le palais et ne fréquente pas les membres de la famille royale. Pour une grande bourgeoise, têtue, « drivée » par la soif de revanche, le terrain de polo est le seul endroit permettant de s'approcher du futur roi. Une proie facile pour une femme résolue à se venger.

C'est chose faite en juillet 1971. Sur le terrain de polo de Windsor Park, Charles a été profondément troublé par Camilla. Bientôt, le couple s'affiche en public. Au club Annabel's, ils se tiennent par la main, dansent tendrement enlacés, s'embrassent sous les regards. Le prince, jusque-là plutôt coincé, se laisse aller en public pour la première fois de sa vie. Il se découvre une passion pour le champagne. Il parle fort, rit aux éclats, danse comme un forcené.

Les chevaux jouent décidément un rôle clé dans les liaisons sentimentales des princes de Galles. Peut-être parce que l'univers hippique a, dit-on, des effets aphrodisiaques. Ainsi, Alice Keppel a été présentée au futur Edward VII, coureur de jupons impénitent, joueur de cartes et franc buveur, à l'hippodrome royal de Sandown Park en 1898. Il avait cinquante-huit ans, elle en avait vingt-neuf. Le fils aîné de la reine Victoria était marié depuis 1863 à Alexandra de Danemark. La maîtresse était suffisamment jolie pour le titiller sexuellement, divertissante quand il s'ennuyait, patiente quand il était de mauvaise humeur, compatissante quand il tombait malade, effacée lors de ses fonctions officielles. En compagnie du prince puis du roi, elle était amusante, d'un caractère égal et ne se plaignait pas.

Mère, maîtresse, compagne et amie. La description d'Alice Keppel que font ses biographes est le portrait tout craché de Camilla à un siècle de distance. La maîtresse royale avait toutefois une personnalité plus tranchée que son arrière-petite-fille, un goût plus prononcé pour les mondanités et pour l'alcool. Elle est morte d'une cirrhose du foie en 1947, deux mois avant la venue au monde de Camilla.

Les gestes ne trompent pas. Charles est enfin heureux. Camilla tient sa revanche.

Cette liaison s'affiche désormais au grand jour. Les temps s'y prêtent. La culture jeune des années soixante transcende les classes sociales. Les fils et filles de la gentry s'habillent aussi à Carnaby Street ou King's Road, se maquillent chez Mary Quant et écoutent les Beatles et les Rolling Stones. La silhouette longiligne et gracieuse de Twiggy est le phare des *Swinging Sixties*, les remuantes années soixante. La libéralisation du divorce, de l'homosexualité, de l'avortement affirme le besoin de changement, les aspirations d'une Angleterre nouvelle, née sur les décombres du modèle victorien.

Après les carcans rigoristes, la *Permissive Society*.

Après le refoulement, le défoulement.

Confrontée à la liaison entre Charles et Camilla, l'aristocratie se referme comme une huître. Quant à la presse, à l'époque muselée par le palais, elle se tait. Après tout, les tourtereaux sont célibataires, ne font de mal à personne. Tant qu'il n'y a pas de scandale, de femmes mariées déshonorées, de maris bafoués, la bonne société ferme pudiquement les yeux. Fidèle à sa nature, Camilla est d'une discrétion absolue. Quand l'une de ses amies l'interroge sur son amant princier, elle sourit puis change de sujet. Le prince éclipse Andrew, qu'elle semble avoir chassé de son esprit.

Camilla et Charles se retrouvent tous les week-ends. Lord Mountbatten, le mentor, le père de substitution et le meilleur ami du prince, a donné sa bénédiction à leur relation. « J'apprécie Camilla. C'est une vraie femme. Elle a de gros seins, pas comme ces poitrines plates à la mode aujourd'hui. Elle a de l'expérience et doit être bonne au lit. Bref, une maîtresse parfaite », lâche, crûment, l'ancien vice-roi des Indes. Les encouragements de ce dernier ne sont pas dénués d'arrière-pensées. Ce grand entremetteur a une idée fixe : marier Charles à sa petite-fille, Amanda Knatchbull, qui n'est encore qu'une adolescente, afin de réunir les familles Mountbatten, à laquelle appartient son neveu le prince Philip, mari de la reine, et Windsor.

Mountbatten parie sur une longue relation entre Charles et Camilla en attendant la majorité de sa petite-fille. Membre éminent de la famille royale, il sait en effet que le protocole ne permettra pas au futur roi d'Angleterre d'épouser une femme dont la virginité ne sera pas certifiée.

Cela explique pourquoi il conseille à son neveu de ne pas se marier avant trente ans, de profiter de la vie, de « jeter sa gourme ».

Le grand-oncle du prince met à la disposition du couple son manoir de Broadlands, proche de la base navale de Portsmouth où est affecté le prince. Camilla et Charles occupent deux chambres mitoyennes reliées par une lourde porte en chêne qui n'est pas fermée à clé. Les employés de maison apprécient cette jeune dame qui n'oublie jamais de les remercier. Le grand-oncle aussi est conquis par l'humour de Camilla, son absence de prétention et son charme. La reine, en revanche, ignore tout du petit manège de Broadlands. Le prince retrouve aussi fréquemment Camilla chez ses parents dont il aime la compagnie. La chaleur qui se dégage de cette famille très unie contraste tellement avec la froideur du mode d'éducation royal. Les deux amants s'écrivent quotidiennement. Le style du prince est lyrique, celui de sa correspondante plus réservé.

Mais Camilla, qui commence à apprécier Charles, ne parvient pourtant pas à oublier Andrew, stationné en Allemagne avec son régiment. Elle l'a dans la peau. Certes, Charles est attentionné, mais Andrew occupe son esprit quoi qu'elle fasse, où qu'elle soit. Peut-on aimer deux hommes à la fois ? Elle se pose la question. Elle est

surtout convaincue que le prince ne l'épousera pas...
justement parce qu'il est son amant. Elle sait que l'on
attend d'une future reine qu'elle soit vierge. De plus,
même si cet interdit était levé, elle ne voudrait pas vivre
sous la cloche dorée du rôle de princesse de Galles. Elle
souhaite une existence tranquille aux côtés d'un homme
de son milieu sans obligations philanthropiques, sans
projecteurs des médias, sans les gardes du corps omniprésents, sans le fardeau de cette belle-famille confite
dans le protocole. Dans le fond, elle s'imagine à la campagne, s'occupant de son mari et de ses enfants, du jardinage, de la cuisine et jouant occasionnellement au
bridge. Toute son éducation l'a préparée à cette vie de
gentry champêtre ponctuée de cocktails, de dîners et de
réceptions.

À l'automne 1971, Andrew Parker Bowles rentre en
Angleterre. Il est affecté au ministère de la Défense dans
les services vétérinaires de l'armée. Il revoit Camilla. Elle
le met au courant de sa liaison avec Charles. Jaloux ? Le
sémillant officier de cavalerie ne connaît pas ce sentiment. L'idée de reconquérir cette femme qu'il a repérée
depuis longtemps l'excite. Pourquoi la laisserait-il à
l'héritier du trône ? Et puis, il est grand temps pour sa
carrière qu'il se marie. L'histoire a démontré que les officiers vivant seuls, hétéros ou homos, sont des proies
potentielles pour les espionnes et les espions venus du
froid : rester célibataire n'est pas bon pour l'avancement,
surtout dans un régiment d'élite.

Courtisée par Andrew, Camilla sent que son rêve de
l'épouser est à portée de main. Elle ne lui fait pas entiè-

rement confiance. Tant qu'elle n'aura pas la bague au doigt, elle se sent libre de voir Charles.

Il en sera ainsi : ce sera Andrew pendant la semaine et Charles le week-end.

Charles est paniqué. Camilla, dont il est follement amoureux, lui échappe. Andrew reprend l'ascendant dans le cœur de la jeune femme. L'héritier du trône s'efface devant l'homme. Le prince de Galles est prêt à renier toutes les règles qui régissent sa vie : il veut épouser cette femme, quitte à bafouer le tabou de la virginité.

En cette soirée d'hiver 1972, Charles et Camilla se retrouvent à Broadlands, la résidence de campagne de Mountbatten. Charles est agité. À l'improviste, dans la chambre à coucher, il se jette aux pieds de Camilla.

– Voulez-vous m'épouser ? demande le prince sur un ton suppliant.

Camilla est totalement prise au dépourvu. Jamais elle n'avait imaginé un scénario pareil. Pour elle, en devenant la maîtresse de Charles, elle fermait la porte à un mariage dont de toute façon elle n'avait jamais voulu. Certes, elle est touchée et ne veut pas humilier le prince. Elle refuse.

– Non. Je vous aime mais je ne veux pas être reine et vivre dans un aquarium.

– Beaucoup de jeunes filles ne rêvent que de cela.

– Restons amants, Charles. Amusons-nous. De plus, comme vous devez le savoir, je ne suis pas vierge, ce qui rend un tel mariage impossible.

Le prince est malheureux. Il sombre dans une profonde mélancolie. L'air du large lui fera du bien, pense-t-on au palais. L'amirauté est priée de lui trouver une mission le plus loin possible du Royaume-Uni.

C'est chose faite en janvier 1973 : il prend le commandement de la frégate *Minerva* qui appareille pour les Antilles. Lorsque le navire prend le large, Charles est à la coupée et fixe longuement une silhouette sur le quai... C'est Camilla venue lui dire au revoir. Il ne sait pas que c'est un cadeau d'adieu.

CHAPITRE 4

Éducation sentimentale

C'est à l'université de Cambridge, où le prince de Galles a étudié l'histoire, l'archéologie et l'anthropologie entre 1967 et 1970, qu'il a jeté sa gourme, comme on disait autrefois.

La première maîtresse du futur monarque se nomme Lucia Santa Cruz. Fille de l'ambassadeur du Chili au Royaume-Uni, elle est également la documentaliste de Lord Butler, directeur du Trinity College où étudie le jeune homme. Cette beauté exotique aide l'ex-ministre conservateur, ancien secrétaire au Foreign Office, à écrire ses Mémoires.

Lord Butler et son épouse organisent un dîner à quatre pour que les jeunes gens fassent connaissance. Le charme piquant de cette brûlante Sud-Américaine fait sur Charles, collet monté et coincé par son éducation, l'effet d'une bombe. « Quand j'ai fait la connaissance du prince dans la résidence universitaire, il m'est apparu terriblement naïf, guindé, venu d'une autre planète. Tout le monde était en jeans et tee-shirts, alors que lui était toujours vêtu d'une veste en tweed, d'un pantalon gris, d'une cravate et de chaussures noires impeccablement cirées », se souvient un condisciple. « Rab » Butler remet les clés d'une porte de service de son logement de fonction aux tourtereaux.

En outre, Lucia a trois ans de plus que lui. Elle a l'attrait d'une vraie femme. Cette expérience marquera Charles. Toute sa vie, il préférera les femmes de caractère et plus mûres que lui aux jeunes écervelées.

À la sortie de Cambridge, le couple se sépare en bons termes. Il gardera une profonde affection pour sa première conquête qui n'a jamais rien révélé à la presse. Ils resteront amis. La première vraie liaison, cela ne s'oublie pas.

Le prince de Galles est en train de changer : désormais il aime les femmes, ce n'est plus un secret pour personne en Grande-Bretagne ! Après l'université, il mène pleinement sa vie de célibataire, et les jeunes beautés se succèdent à son bras... et dans son lit. Avec une royale désinvolture, il passe d'une brune à une blonde. Elles se suivent mais ne se ressemblent pas : midinettes, starlettes, comédiennes, palefrenières et autres amantes d'un soir. Ainsi, lors d'une party donnée au château de Sandrigham pour ses dix-huit ans, il danse toute la soirée avec la sœur de l'un des musiciens rock qui animent la soirée. « Je n'oublierai jamais son eau de toilette virile, ses cheveux si bien lustrés, ses épais sourcils et sa voix sexy, racontera la dénommée Janet. Il m'a embrassée toute la soirée. Et puis... »

Toutefois, c'est dans son cercle que Charles cherche des liaisons stables. La liste de ses petites amies attitrées se lit comme le *Who's Who* de la haute société : Georgina Russel, fille de l'ambassadeur britannique en Égypte, Lady Jane Wellesley, fille du duc de Wellington, Jane Ward, secrétaire générale du Guards Polo Club, Sabrina Guinness, l'héritière de la banque du même nom, Sarah Spencer... Rares sont celles qui résistent à la perspective d'un dîner aux chandelles en tête à tête avec le futur roi d'Angleterre.

Et plus si affinités...

Toutefois, certaines des jeunes filles les mieux nées du royaume se refusent à Charles. Ce sont celles qui, tout en rejetant la perspective d'une aventure passagère, ne se sentent pas prêtes à affronter le lourd statut de maîtresse de l'héritier du trône. Une étiquette dont elles savent qu'elles ne pourront plus se séparer, même quand elles ne feront plus partie des caprices du prince.

Enfin, Charles brise de nombreux cœurs de femmes d'âge mûr, mariées, titrées et souvent délaissées par leur mari. Anne-Marie de Grèce, épouse de l'ex-roi Constantin, l'un des amis intimes du prince, aurait ainsi trouvé auprès de lui le réconfort qui lui manquait tant au cours de ses années d'exil londonien. Rosalind Ward, la femme d'un officier des dragons de la reine, nièce du comte de Beauchamp et filleule de la souveraine, a connu une seconde jeunesse dans le lit de l'héritier de la Couronne. Les maris ferment les yeux, comme si par ricochet ces liaisons extraconjugales de leur femme avec le fils aîné de la reine renforçaient leur position sociale.

Le prince de Galles s'efforce de rompre ces aventures sans lendemain avec délicatesse, mais beaucoup de maîtresses délaissées restent meurtries. Lady Jane Wellesley sombre dans l'alcoolisme. Catastrophée par la fin de sa liaison, Rosalind Ward est sauvée de justesse après avoir avalé une énorme dose de barbituriques. Sarah Spencer replonge dans l'anorexie.

Parfois, le patachon lâche la mère pour la fille. Le prince volage délaisse ainsi la belle comtesse de Westmorland, de dix-neuf ans son aînée, au profit de sa pulpeuse fille, Lady Camilla Fane, dix-huit ans, étudiante en beaux-arts à Florence.

Étrangement pour un Anglais, le prince a toujours préféré la compagnie des femmes. Les conversations entre hommes l'ennuient profondément. Dans les cocktails comme lors des réceptions, il cherche toujours une présence féminine. Yeux bleus, un mètre soixante-dix-huit, une carrure d'athlète, le teint hâlé comme il convient à quelqu'un qui passe une grande partie de sa vie en plein air, Charles est plus séduisant en chair et en os qu'en photo. Certes, il est moins beau que son frère Andrew, que les Britanniques comparent volontiers à l'acteur américain Robert Redford. Son style vestimentaire est un peu compassé et il ne réussit pas à se défaire de l'allure raide et coincée de l'officier de la Navy qu'il est. La gent féminine fond pourtant devant la petite lumière qui s'allume dans son regard, sa voix légèrement enrouée, son sourire au coin des lèvres et ses propos toujours amènes. Sa courtoisie naturelle et son aisance mondaine lui permettent de mettre ses interlocutrices à l'aise. Il est sérieux sans être ennuyeux, digne sans être pompeux, respectueux sans être déférent.

Et comment ne pas craquer pour un chevalier servant qui roule en coupé Aston Martin bleu, la voiture de James Bond, au tableau de bord en ronce de noyer ? Un registre qu'il ne néglige pas quand il raconte avec une modestie royale ses performances de pilote d'avion et d'hélicoptère, de parachutiste, d'explorateur, de skieur, de chasseur de gros gibier et de pêcheur au saumon – à la mouche... uniquement. De tels exploits contribuent à faire de lui un homme d'action qu'affectionnent les jolies femmes.

Et si l'homme ne les séduit pas tout à fait, le sexe faible a beaucoup de mal à résister... au prince de Galles, duc de Cornouailles et de Rothesay, comte de Chester et de Carrick, baron de Renfrew, seigneur des îles, grand sénéchal et futur roi. Toutes ont en tête son intronisation solennelle, le 1er juillet 1969, au château de Caernarfon, retransmise en direct à la télévision. « Moi, Charles, prince de Galles, je deviens votre homme lige », a-t-il proclamé, le genou à terre, devant sa mère qui lui a posé la couronne sur la tête selon un rituel à la fois médiéval et moderne. Un prince, comme dans les contes de fées, quoi de plus romantique ?

Pourtant la botte secrète de Charles est ailleurs. Au-delà des amours intéressées, les femmes qui l'ont aimé ont toutes été séduites par sa double personnalité. Dans l'intimité, il se révèle vulnérable, sensible, émotif. À celles qui comptent vraiment pour lui, le prince offre d'innombrables cadeaux et de somptueux bouquets de fleurs. Il leur écrit d'interminables lettres d'amour, passe des heures au téléphone. Il est à la fois le pouvoir et la fragilité, le futur roi à qui on doit le respect et l'enfant à consoler. Un miroir aux alouettes pour cœurs sensibles.

Pour ses sorties galantes, Charles peut compter sur des alliés sinon des complices, comme son oncle, Lord Snowdon, le célèbre photographe et mari de la princesse Margaret, ainsi que ses amis d'enfance, le baron Willoughby de Brooke, le comte de Shelburne, les marquis de Lansdowne et de Douro, Charlie Palmer Tomkinson ou Hugh Van Cutsem, dont la discrétion est assurée. Ils le laissent quitter le palais sans garde du corps, lui prêtent leur garçonnière londonienne ou leur maison de campagne.

Charles vit donc librement sa vie de célibataire, au grand désespoir de sa mère qui se soucie du qu'en-dira-t-on et du scandale que peuvent provoquer ces liaisons médiatisées. Pour protéger son neveu, Lord Mountbatten doit même créer une caisse noire, via une banque des Bahamas, afin d'acheter le silence des aventurières qui pourraient être tentées de faire chanter Charles. Par cupidité... ou pour se venger.

Car le prince se comporte parfois comme un goujat. Dandy gâté à qui tout est dû, obsédé de sa personne et souvent capricieux, il se lasse vite de ses petites amies. Il peut facilement alterner le chaud et le froid, la passion et le repli glaçant. Celles qui se révèlent trop bavardes avec les journalistes ou franchissent la ligne jaune en faisant une remarque inopportune cessent rapidement d'exister.

Ainsi, une de ses maîtresses, Jane Ward, ancienne épouse d'un officier des hussards, se voit, sur ordre du prince, signifier sa répudiation par un détective. Une autre, Georgina Russel, est obligée de rester toute une journée dans le froid pendant qu'il pêche au cours d'un week-end d'amoureux à Balmoral. Une troisième, Sarah Spencer, sa cavalière à un bal, est abandonnée toute la soirée au profit d'une somptueuse Colombienne, Cristabel Barria Borsage, avec laquelle il passe la nuit. Dans ses Mémoires, *A Journey Through My Family* (« Un voyage à travers ma famille »), Lady Jane Wellesley parle de tous ses amants en termes laudatifs en omettant le prince Charles.

Même dans l'intimité, le prince de Galles est très attaché aux signes extérieurs de la monarchie. Il n'est pas question de transiger avec ce qu'impose le rang. Ses amies les plus proches doivent toujours l'appeler « Sir », sauf s'il leur demande expressément d'utiliser son prénom. Comme sa mère, il a cette formidable capacité de regarder les gens dans les yeux et, d'un seul regard, leur signifier : « Vous allez trop loin, chacun à sa place. »

Les inhibitions du prince, son besoin d'être constamment rassuré, viennent de sa jeunesse et du manque d'affection de ses parents. « J'étais un enfant malaimé, timide et solitaire, au caractère rêveur et contemplatif, mais mes parents, peu présents dans ma jeunesse, ont tout fait pour contrarier ma nature », se plaindra-t-il un jour.

Charles Philip Arthur George naît le 14 novembre 1948 à Buckingham Palace. Des salves de canon sont tirées, les cloches carillonnent, des feux de joie sont allumés. Pendant une semaine, une eau bleue coule dans les fontaines pour annoncer la naissance d'un garçon. La venue au monde du premier enfant de la future Elizabeth II est un événement à plus d'un titre : pour la première fois depuis le XVIIe siècle, le ministre de l'Intérieur n'assiste pas à une naissance royale. Cette curieuse coutume, remontant à Jacques II, soupçonné de vouloir rétablir le catholicisme comme religion officielle, visait à s'assurer qu'on n'allait pas remplacer le bébé royal par un autre.

Peu de jouets, pas d'attentions excessives, une vie d'enfant teintée de rigueur militaire : l'éthique royale veut que les prétendants au trône ne soient pas élevés dans du coton. Le robuste bambin plein d'entrain et de santé a une nurse attitrée, Helen Lightbody. L'éducation que lui inculque cette femme sévère ne laisse guère de place à la spontanéité ou à l'extravagance. Les caprices ne sont pas tolérés. L'ordinaire est frugal. Les assiettes doivent être vidées avant de passer au plat suivant. Charles, gamin joyeux et spontané, est très proche de sa gouvernante auprès de laquelle, malgré une apparente rudesse, il trouve une véritable chaleur.

Car ses parents, accaparés par le poids de leur charge,

lui donnent peu de marques de tendresse. Devenue reine en 1952 à l'âge de vingt-six ans, nullement préparée à assumer cette fonction, Elizabeth II a sacrifié ses enfants sur l'autel du devoir. Et malgré l'excuse de ses obligations, la reine fait preuve de beaucoup de maladresse. Elle passe plus de temps avec ses chiens et ses chevaux que dans la chambre de ses enfants. Au retour d'un voyage de six mois de la jeune souveraine et de son époux dans le Commonwealth, Charles, cinq ans, les attend en bas de la passerelle de l'avion. Ses parents passent devant lui, sans même un regard. Bouleversé, l'enfant se jette en pleurant dans les jupes de sa grand-mère.

Père autoritaire, distant et cassant, le prince Philip est persuadé qu'une formation à la dure, qui enseigne l'obéissance et le sens du commandement, forme le caractère. Il prend en charge l'éducation de son fils en obtenant le départ de Mrs Lightbody après huit années de bons et loyaux services. Philip n'aime pas l'ascendant pris par la nurse sur son fils. Le limogeage de cette dernière provoque le désespoir de Charles.

Le futur roi d'Angleterre a été le premier prince de Galles à fréquenter l'école. Ses prédécesseurs eurent des précepteurs. En 1957, à l'âge de neuf ans, il est inscrit à Hill House School, l'école primaire privée de Knightsbridge, qu'il quitte un an plus tard pour le pensionnat de Cheam, dans le Kent. En 1962, à l'âge de douze ans, il entre sur les traces de son père au collège de Gordonstoun, en Écosse.

Si Camilla supportait aisément à cette époque la discipline de fer de son école, Charles en revanche déteste le pensionnat de Gordonstoun, fondé par l'immigré allemand Kurt Hahn, dont les conceptions en matière d'éducation sont toutes militaires. Le régime spartiate dominé par l'exercice physique, les douches froides en hiver et la maîtrise de soi requise en permanence par professeurs et surveillants évoque davantage le règlement d'une prison que celui d'une école. Charles, enfant sensible, plus intéressé par les arts et la musique que par le sport, fait le rude apprentissage du système cruel et parfois sadique de Gordonstoun. Comme dans la plupart des pensionnats réservés aux enfants de riches, à l'époque les châtiments corporels sont de rigueur.

Le garçon est la victime du harcèlement de ses condisciples, trop heureux de rosser un futur monarque. On se moque de lui, de ses oreilles décollées, de son caractère introverti et de son air balourd. Malgré cela, il réussit l'équivalent du bac, limité à deux matières – histoire et français – avec les félicitations. Si, à la fin de ses études secondaires, il rend hommage à Gordonstoun – « l'enseignement du contrôle de soi et de l'autodiscipline a su donner à ma vie un cadre, une forme et de l'ordre » –, il n'en gardera pas moins toute sa vie une rancune envers le prince Philip pour avoir été envoyé dans ce collège. À ses yeux, ce choix témoigne du manque de cœur, de l'entêtement et de l'arrogance de son père.

Dureté du père et absence de la mère. Elizabeth II ne s'est jamais intéressée un tant soit peu à l'éducation de ses enfants. Quand l'héritier au trône, âgé de seulement dix-sept ans, passe un an dans un hameau perdu de la grande forêt d'eucalyptus australienne, sa mère ne prend jamais de ses nouvelles auprès de sa logeuse. Le prince Philip, qui n'a pas d'état d'âme sur la question de l'éducation de son fils aîné, déclare sans excès de délicatesse : « Nous avons fait de notre mieux. »

En mars 1971, Charles commence une carrière dans la Royal Navy destinée à durer cinq ans. À Cambridge, il n'avait jamais été à l'aise avec ses condisciples. Flanqué en permanence d'un garde du corps armé, ce n'était pas un étudiant ordinaire. Il ne fréquentait que les jeunes aristocrates qui parlaient le même langage que lui. Dans la Navy, chacun connaît sa place. Les officiers l'appellent « prince Charles », les hommes du rang « Monsieur », l'Amirauté « Votre Altesse Royale ».

Toute sa vie, le fils aîné d'Elizabeth II a été entouré de militaires. Son père, son grand-père, son arrière-grand-père ont fait carrière dans la marine. Son grand-oncle, Lord Mountbatten, a été chef d'état-major interarmes entre 1959 et 1965. Mais à bord d'un navire de guerre, le lieutenant de vaisseau et futur commandant en chef des armées n'est pas dans son élément. Il n'a guère le pied marin et déteste les blagues de caserne. Sa seule consolation : il utilise ce temps pour apprendre à piloter un hélicoptère et il court les filles lors des permissions dans les ports des mers chaudes.

Son éducation sentimentale s'est faite entre une famille absente, un pensionnat sévère et la virile sexualité des marins en bordée. Par ailleurs, sa formation royale n'a jamais considéré la recherche du bonheur conjugal comme une priorité. Loin de là. Le côté cour doit l'emporter sur le côté cœur, la légitimité sur la recherche du bonheur, la tradition sur les surprises de l'amour.

Parmi toutes les jeunes femmes que le prince a rencontrées, une belle et jeune Australienne sort toutefois du lot : Kanga. Issue d'une famille bourgeoise et conformiste de Melbourne, cette aventurière a fui la banalité d'une vie ennuyeuse aux antipodes. Elle n'a pas voulu passer son existence dans une banlieue aux pelouses rectilignes, aux inévitables barbecues dominicaux et au confort uniforme et paisible. Elle rêve du *Swinging London* qui quotidiennement fait la une du *Times* auquel son père est abonné. Une fois arrivée à Londres, la belle blonde décroche par piston un emploi de public relations, puis dans une maison de ventes aux enchères. Elle est de toutes les fêtes. Le Tout-Londres l'a adoptée en fermant les yeux sur sa réputation de *gold digger*, de chercheuse d'or. Son esprit et sa vivacité ainsi que son généreux décolleté lui ouvrent toutes les portes.

Lors d'une soirée, l'Australienne rencontre Lord Tryon, de très haute lignée. Six mois plus tard, ils se fiancent. Il y a de la surfeuse chez cette blonde déterminée qui fonce sur les hommes bien nés comme sur une vague gigantesque.

En novembre 1972, Lord Tryon emmène sa future femme à un bal à Buckingham Palace. Il le regrettera.

Kanga est présentée au prince de Galles, qui en tombe amoureux. Ils deviennent amants et, pour la première fois depuis longtemps, une femme fait davantage que de passer dans le lit de Charles. Leur liaison continue après le mariage de Kanga. La nouvelle Lady Tryon ne cesse de manifester son affection à l'héritier présomptif par des sourires complices. Infatigable au lit, elle devient sa maîtresse attitrée. Avec une habileté redoutable qui lui vaut une réputation d'ogresse, elle se débarrasse de toutes ses rivales.

À l'instar de toutes les élites du Commonwealth blanc, ce personnage parti à l'assaut de l'establishment connaît parfaitement le mode de fonctionnement de l'aristocratie britannique. Comme il sied, son mari fait comme si de rien n'était. Les Tryon reçoivent fréquemment Charles dans leur seconde résidence, en Islande. Pendant que le propriétaire des lieux pêche le saumon, sa femme et son invité font l'amour. Or la volubile Kanga a un grave défaut : elle est incapable de tenir sa langue. Elle informe Nigel Dempster, la commère de Fleet Street (à l'époque la rue des journaux), de sa relation avec Charles et des intrigues de la Cour. La chronique de Dempster dans le *Daily Mail* évoque à demi-mot l'amitié qui unit Kanga à Charles. Buckingham Palace s'alarme de ces indiscrétions. Cela scellera la fin de l'aventure.

Comme tous ceux qui vivent entourés de flagorneurs, Charles peut se montrer pompeux, égoïste, arrogant. Il n'est pas dupe, toute cette collection de femmes le courtise davantage pour ce qu'il représente que pour sa personne. Pourquoi alors multiplie-t-il les conquêtes au cours des premières années de sa vie ?

Comment expliquer la vie sentimentale agitée de l'éternel fiancé de l'Angleterre ? Charles est en permanence assailli d'un doute existentiel : suis-je aimé pour moi-même ? Le tourbillon amoureux est un baume rassurant pour cette blessure ouverte, une fuite en avant pour éviter d'affronter la vérité qui se cache derrière le regard de l'être aimé. Mais une certaine brusquerie, une hâte dans les ébats amoureux, traduit son angoisse. « Il était affreusement timide, il ne connaissait que la position du missionnaire toutes lumières éteintes, s'est plainte, sous couvert d'anonymat, l'une de ses petites amies mannequin au début des années soixante-dix. Ce n'était pas un amant génial. »

CHAPITRE 5

SOS épouse

Un entrefilet dans la rubrique mondaine du *Times* annonce les fiançailles. Ce sont celles d'Andrew Parker Bowles avec Camilla Shand. Prévenu en pleine mer par Buckingham Palace, Charles s'enferme dans sa cabine et sanglote. Trois heures après, il dîne dans le mess, les yeux rougis, morose et silencieux.

Le mariage d'Andrew, trente-trois ans, et de Camilla, vingt-cinq ans, a lieu le 4 juillet 1973 à Londres dans la chapelle des gardes royaux. Entourée de six demoiselles et dix garçons d'honneur, la mariée est resplendissante dans une robe de dentelle ancienne créée par l'un des couturiers de la reine. La reine mère, la princesse Margaret et la princesse Anne, ancienne petite amie du marié, figurent parmi les invités. La réception au St. James Club est grandiose. Nombreux sont ceux qui discrètement s'interrogent sur l'absence du prince de Galles. Le successeur au trône a envoyé un télégramme aux jeunes mariés s'excusant de ne pouvoir être présent. Son prétexte : il doit représenter la reine aux cérémonies d'indépendance des Bahamas. Personne n'est dupe. Rien n'aurait empêché Charles d'ordonner au commandant du *Minerva* de le déposer dans le port le plus proche d'où un appareil de la RAF aurait facilement pu le ramener à Londres pour lui permettre d'assister au mariage.

Après un voyage de noces éclair en France, Camilla se consacre à l'aménagement de sa nouvelle demeure, Bolehyde, dans le Wiltshire, à deux heures de voiture de Londres. Comme tant d'officiers basés au ministère de la Défense, Andrew ne revient que le week-end. Camilla fuit l'univers suffocant et médisant des épouses de haut gradés, se contentant de participer aux dîners absolument obligatoires. La vie au foyer la comble.

Camilla est désormais très loin de Charles.

Le 18 décembre 1974, Camilla accouche de son premier enfant, Tom. C'est pour elle l'occasion de reprendre le contact avec le prince auquel elle se découvre finalement plus attachée qu'elle ne le pensait. Elle lui propose de devenir le parrain de son fils. Trop heureux de renouer des liens, il accepte. Quelle ingénuité… Les mauvaises langues se déchaînent, faisant courir le bruit que Tom Parker Bowles est en fait son fils naturel ! L'entourage du prince tue tout de suite la rumeur : au moment de sa conception, en mars 1974, Charles était en Asie à bord du *HMS Jupiter*. Et c'est exact. Camilla n'aurait jamais violé le précepte de sa caste lui interdisant d'entretenir une liaison avant d'avoir donné naissance à deux enfants. Et deux ans plus tard naît une fille, nommée Laura.

L'amoureux transi n'a cependant pas attendu cette naissance pour reprendre ses échanges épistolaires avec

Camilla, en décembre 1973. S'il ne peut l'avoir comme femme, elle sera sa meilleure amie, sa confidente. Dépourvue d'ambitions personnelles, c'est la seule personne au monde à le comprendre, sans jamais chercher à le juger. Elle aime sa vulnérabilité… et sa sincérité. Car son bel amour avec l'officier des dragons de la reine s'est perdu dans les mensonges de la vie quotidienne. À Londres toute la semaine, Andrew Parker Bowles la trompe effrontément. Seule dans sa maison de campagne du Wiltshire, elle s'ennuie. Dans ses lettres, Charles se fait de plus en plus pressant. Ce ne sont pas des amis qui s'écrivent, seulement des amants séparés par un destin fâcheux. Entre Andrew, son mari, et Charles, son ex-amant, le cœur de Camilla balance.

Charles est invité à passer un week-end à Bolehyde House chez les Parker Bowles. Il passe la nuit dans la chambre d'ami. Au matin, Andrew part pour Londres où il doit prendre son service à la caserne.

Charles et Camilla se retrouvent seuls.

– Comment pouvez-vous supporter pareille situation ?

– Je la supporte, car Andrew est mon mari et je l'aime. Il m'aime, même s'il sort avec d'autres femmes, et puis, il y a notre fils. Bon nombre de mes amies ont ce type de mariage.

– Quittez Andrew et venez vivre avec moi.

– Il vous faudra abandonner le trône. Vous serez comme votre grand-oncle, le duc de Windsor, condamné à une vie d'oisiveté à l'étranger, honni par sa famille et son pays.

– C'est horrible, Camilla.

– Je vous aime, Charles, et je serai toujours là pour vous. Je vous le promets. Je dois maintenant vous dénicher une épouse. Ni vous ni votre famille n'y êtes arrivés. Au moins, je pourrai apprécier ma rivale.

Le désir est trop fort. Ils redeviennent amants.

Andrew est-il dupe ? Certainement pas. Il a eu vent des ragots qui circulent. Il sait que Charles devra se marier dans les années qui viennent et qu'au fond son couple n'est pas menacé socialement Il se prête au jeu, insensible à la jalousie. Dans le monde de l'aristocratie, le maintien des apparences compte davantage que la fidélité aux serments d'amour éternel. Charles en est tout aussi convaincu.

Sa liaison avec Camilla qui ne l'empêche pas d'avoir des maîtresses occasionnelles à Londres. Il brûle la chandelle par les deux bouts alors que les pressions de la famille royale et de l'opinion se font de plus en plus fortes pour qu'il se marie. Le prince aborde la trentaine. « On me dit que le mariage est le seul remède pour moi, et peut-être est-ce le cas ! Les médias ne me prendront tout simplement pas au sérieux tant que je ne marierai pas et je ne deviendrai pas responsable », confie-t-il à un ami.

Lord Mountbatten lui-même s'en mêle. Et ce n'est pas un courtisan quelconque. C'est le vainqueur de la guerre contre le Japon en Asie du Sud-Est, le dernier vice-roi des Indes avant l'indépendance, ex-premier Lord de l'Amirauté, en charge de la Royal Navy. L'oncle du prince Philip est considéré comme un « cardinal de conclave » de la famille royale. Son obsession : rétablir sa lignée écartée en 1917 en raison de ses origines allemandes en unissant les deux familles. Mountbatten tente une OPA sur Windsor.

Pour parvenir à ses fins, le grand-oncle veut donc faire épouser sa petite-fille, Amanda, à Charles. Elle sera le cheval de Troie des Mountbatten pour réaliser sa grande ambition dynastique. A priori, la jeune fille, de neuf ans de moins que Charles, a tout pour elle : de lignée royale, protestante, vierge et plutôt jolie. En avril 1979, Mountbatten écrit au prince en qualifiant son hésitation à demander la main d'Amanda de « désobligeante » et d'« indélicate ».

Le prince est à la croisée des chemins : il est amoureux de Camilla et se contenterait de son sort de célibataire endurci mais il se résout, à contrecœur, à la solution de facilité suggérée par Lord Mountbatten. Cette demande en mariage est un des moments les plus pénibles de la vie de Charles. Dans la salle à manger du yacht royal *Britannia*, le Buckingham Palace flottant, à la fin d'un repas gâché par les arrière-pensées, il tente maladroitement de saisir la main d'Amanda et lui dit pitoyablement :

– Dites-moi si j'ai tort, Amanda, il me semble que nous nous entendons bien. Je suis conscient qu'épouser l'héritier du trône n'est pas une sinécure. On sacrifie sa liberté. Nous pourrions partager ce fardeau. On me dit que nous formerions une équipe formidable. Je vous demande votre main.

Bien qu'âgée de dix-huit ans, Amanda n'est pas femme à se faire dicter son destin par « on ». Sa réponse est sans appel :

— Je vous aime bien, Charles. Je vous considère un peu comme un frère aîné et je souhaite que vous le restiez. Ce n'est pas la meilleure manière de commencer une vie conjugale.

Amanda est la deuxième femme à refuser de donner sa main à Charles, lui que l'on disait être le plus beau parti au monde. « Une petite idiote », commente Camilla quand Charles, effondré, lui apprend la nouvelle de ce nouveau camouflet.

Le 27 août 1979, Lord Mountbatten, soixante-dix-neuf ans, trouve la mort dans un attentat commis par l'IRA alors qu'il était à bord d'un petit bateau de pêche dans la baie de Donegal, en Irlande, où il passait ses vacances. L'IRA, qui se bat pour le rattachement de l'Ulster à l'Irlande, a placé une charge de vingt-cinq kilos d'explosifs sous la coque du *Shadow V* à bord duquel le grand-oncle de Charles et sa famille avaient pris place. Son petit-fils, Nicholas Knatchbull, quinze ans, qui était aussi le filleul du prince de Galles, le mousse du même âge et la douairière, Lady Brabourne, sont également tués. Sa fille et son gendre, des amis proches de Charles, sont grièvement blessés. L'héritier du trône apprend la nouvelle dans une cabane de pêche en Islande où il passe des vacances en compagnie des Tryon. Il est effondré : « Un mélange d'émotions m'envahit : douleur, incrédulité, torpeur, bientôt suivies d'une farouche et violente détermination à tout faire pour punir l'IRA. »

Le décès du dernier des grands aristocrates est un choc pour le royaume et le Commonwealth. L'indignation et la réprobation sont unanimes. La reine Elizabeth se déclare « profondément bouleversée » par ce meurtre. En Inde, un deuil national de sept jours a été décrété. Le pape Jean-Paul II qualifie l'assassinat d'« acte de violence choquant » et d'« insulte à la dignité humaine ». Les obsèques de Lord Mountbatten sont grandioses, dignes de celles de Nelson ou de Wellington, en présence de six rois et de trois reines, d'une cohorte de présidents, premiers ministres et chefs militaires et religieux. Le prince n'arrive pas à exaucer le vœu exprimé par le défunt : « Je ne veux pas qu'on pleure à mon enterrement. » Les yeux rougis, Charles a du mal à retenir ses larmes, surtout au moment de son oraison funèbre et de la poignante sonnerie aux morts.

L'IRA a commémoré dans le sang le dixième anniversaire des premiers affrontements entre catholiques et protestants d'Ulster. Les paramilitaires s'en sont pris à la famille royale, le symbole de l'unité du pays.

Les Windsor doivent répondre à ce défi en affichant la pérennité de la dynastie. Le futur roi doit prendre femme le plus vite possible.

Et comme toujours, quand le prince est indécis, c'est vers Camilla qu'il se tourne. Elle l'a immédiatement appelé pour lui offrir son soutien. Non seulement elle seule comprend les tourments de son cœur, mais elle connaît également les arcanes perverses de toutes les règles de la royauté anglaise.

Son mari, Andrew, a été envoyé en Rhodésie comme écuyer de Lord Soames, le gouverneur chargé de mener l'ex-colonie à l'indépendance. Sa mission est cruciale : persuader le leader de la guérilla, Robert Mugabe, d'accepter l'accord d'indépendance signé à Lancaster House. Andrew devient l'amant de la fille du gouverneur, Charlotte Soames. Le magazine satirique *Private Eye*, à la diffusion très limitée, dévoile à mots couverts cette liaison et indirectement celle de Charles et Camilla. La presse londonienne préfère ne pas relever l'allusion, qui échappe au grand public.

Camilla, qui n'apprécie pas l'affront, se venge en persuadant Charles de lui permettre de l'accompagner comme escorte officielle aux fêtes de l'indépendance de l'ancienne Rhodésie devenue Zimbabwe. Au dîner donné par le gouverneur, Charles, Camilla, Andrew et Charlotte se retrouvent à la même table. Au vu de tous, le prince et sa maîtresse flirtent ouvertement devant le mari qui n'a d'yeux que pour la fille de son patron. L'épouse du gouverneur, Lady Soames, qui est aussi la fille de Churchill, l'évoquera plus tard : « Un dîner infernal. Heureusement que le bordeaux était excellent. »

De retour en Grande-Bretagne, le prince partage la table d'honneur avec les Parker Bowles au bal du Cirencester Polo Club. Charles danse toute la soirée avec Camilla, l'enlace, l'embrasse sur la bouche devant l'assistance médusée. « À l'évidence, Son Altesse Royale apprécie ma femme et c'est apparemment réciproque », lâche Andrew à un convive en évitant son regard.

Camilla est désormais la favorite. Cela ne l'empêche pas, au contraire, de se lancer avec méthode à la recherche d'une épouse pour l'homme qu'elle aime. Trois critères sont impératifs : religion, sang bleu et surtout – encore et toujours ! – virginité certifiée. Pour ce qui est de la religion et du sang bleu, le choix est large : Anna Wallace, dont le grand-père fut écuyer de George V, Lady Jane Wellesley et Davina Sheffield, filles de grands propriétaires terriens, conviennent parfaitement. Hélas, une rapide enquête démontre qu'elles ont toutes un « passé ». Pour ne pas parler de Fiona Watson qui avait posé nue pour *Penthouse* malgré ses origines aristocratiques. Il y aurait bien la jolie Marie-Astrid de Luxembourg, mais elle est catholique.

Issue de la plus haute aristocratie, la belle rousse Sarah Spencer pourrait peut-être faire l'affaire, mais cette jeune femme nerveuse, drôle, capricieuse a commis l'erreur de donner une interview à *Woman's Own* : « Il n'y a aucun risque que je me marie avec le prince Charles. C'est un être fabuleux, simplement je ne suis pas amoureuse de lui. Et je n'épouserai jamais un homme que je n'aime pas, qu'il s'agisse d'un éboueur ou du roi d'Angleterre. » Cette erreur lui vaut d'être mise au ban de la famille royale. Chez les Windsor, le couperet tombe plus vite que la guillotine. « Vous venez juste de commettre une erreur vraiment stupide », lui dit le prince avec froideur en apprenant son indiscrétion.

Une Spencer en cache une autre. Charles se souvient alors de Diana, la sœur de Sarah. À l'époque des surprises-parties des enfants Spencer au château d'Althorp, Diana était la plus jeune et faisait tapisserie. Charles a gardé le souvenir d'une jeune fille fraîche, timide, un peu gauche, sage et obéissante. Enjouée, animée, sympathique aussi. Peu diplômée – elle a un certificat de puéricultrice –, ce n'est pas une femme destinée à une grande carrière professionnelle.

La petite Spencer est anglicane et possède une bonne dose de sang royal via des enfants illégitimes de Jacques II et de Charles II. Discrètement contacté, son grand-oncle certifie – comment le sait-il ? – qu'elle n'a jamais eu d'aventure. Sa grand-mère, Lady Fermoy, principale dame d'honneur de la reine mère, rêve de voir sa petite-fille monter sur le trône. Elle en parle longuement à l'ancienne souveraine qui avait déjà remarqué la jeune fille, demoiselle d'honneur lors du mariage de sa sœur Jane et de Robert Fellowes, en 1978. Sur un ton entendu, la mère d'Elizabeth II avait alors déclaré au comte Spencer : « Il vous reste à présent le plus difficile, il faut que vous songiez à son avenir. » Deux ans plus tard, elle conseille à Charles de ne pas laisser passer la chance que représente Diana : « Sa douceur, sa modestie et sa discrétion font d'elle une personnalité idéale pour le rôle de princesse de Galles. » Diana est invitée à des soirées au théâtre auxquelles assistent des membres de la famille royale. Au printemps 1980, la cadette des Spencer fait partie des invités du prince à la représentation du *Requiem* de Verdi à l'Albert Hall. Le nombre de ses invitations aristocratiques – anniversaires, chasses, bals – explose.

Camilla est également conquise, mais pour d'autres raisons, à en croire son beau-frère, Richard Parker Bowles : « Elle encouragea l'histoire entre Charles et Diana, parce qu'elle jugeait cette dernière empotée. Elle ne l'envisagea pas une seconde comme une menace... Camilla savait bien qu'une femme avec un passé ne deviendrait jamais l'épouse de Charles. Elle pensait pouvoir manipuler Diana. Elle n'a jamais souhaité épouser Charles. Elle voulait continuer d'être sa maîtresse, mais son plan était d'abord de rester mariée à Andrew... Elle avait deux objectifs dans la vie : préserver sa relation particulière avec le prince de Galles, tout en conservant un mari auquel elle était sincèrement attachée. »

Diana a un visage merveilleusement anglais, une peau laiteuse et une fine ossature. Son teint délicat lui permet de porter des couleurs affirmées et tranchantes.

Celles de l'Union Jack par exemple.

CHAPITRE 6

Affectueusement vôtre

Le message est reçu cinq sur cinq. Lady Diana Spencer est invitée à plusieurs soirées, notamment aux fêtes du trentième anniversaire du prince de Galles. À un match de polo à Cowdray Park, Diana ne quitte pas le prince d'une semelle et flirte le soir au barbecue. Pour l'impressionner, elle s'invente un amour improbable pour l'équitation. Dans une écurie, à l'écart des regards, assise aux côtés de Charles sur une botte de foin, Diana se fait plus intime :

— Vous aviez l'air si triste en remontant la nef lors des obsèques de Mountbatten. Je n'ai jamais rien vu d'aussi tragique. Mon cœur saignait pour vous en vous regardant. Je me suis dit que vous étiez bien seul, que vous devriez avoir quelqu'un pour prendre soin de vous.

Ému, le prince lui saute pratiquement dessus, mais elle se refuse, trop fine pour succomber à une passade. La jeune femme timide, qui n'a jamais eu d'amant, ne manque pas d'assurance. Elle lui montre qu'il doit la conquérir.

Fin août 1980, la reine l'invite en son château de Balmoral où la souveraine passe ses vacances d'été. Diana accepte ce qu'elle pressent être un examen de passage. Ce château traversé de courants d'air est un champ de mines mondain, en particulier les barbecues quotidiens préparés par la souveraine, les soirées passées à jouer aux charades ou à reconstituer des puzzles et les promenades avec les corgis de la reine, des petits chiens aussi bruyants qu'excités. Lors d'une partie de chasse, Diana tombe dans une tourbière. Couverte de boue, elle s'en amuse avec une bonne humeur qui impressionne l'hôtesse des lieux. Elle fait preuve d'un grand intérêt pour la pêche à laquelle Charles s'adonne pendant des heures, jusqu'aux cuisses dans l'eau glacée de la Dee. Elle endure sans broncher le strict code vestimentaire : les invités doivent se changer plusieurs fois par jour et il est interdit aux femmes de porter des pantalons.

Diana est la plus jeune, et de loin, des invités. Elle ne manifeste pourtant aucun ennui envers la famille Windsor et leurs amis d'âge mûr, cette clique d'aristocrates terriens conservateurs et snobs qui se connaissent depuis toujours. Diana est de bonne humeur, enthousiaste et en adoration devant un prince flatté de tant d'attentions.

Mais Charles veut l'approbation finale de Camilla. Il organise donc une rencontre entre les deux femmes – la première. Le steeple-chase de Ludlow, sport casse-cou digne des princes de Galles, auquel il participe en octobre 1980, lui en fournit l'occasion. La photo de l'événement est restée gravée dans toutes les mémoires. C'est le seul document où les deux femmes, âgées respectivement de trente-trois et de dix-neuf ans, apparaissent côte à côte au moment de la remise des prix. Elles sont détendues, mais déjà leur antagonisme est perceptible. La future princesse de Galles, qui semble sortie tout droit d'une boîte de bonbons anglais, un tantinet enveloppée, la tête toujours penchée et rentrée dans les épaules, esquisse un sourire timide. Elle semble dépassée par les événements et fuit le regard de sa voisine, sûre d'elle et dominatrice. Elle est surtout gênée par l'intimité évidente entre Charles et Camilla, qui semble ne rien ignorer de la vie privée du prince, de ses manies, de ses goûts. Son interlocutrice se permet même de lui donner des conseils sur la manière de se conduire avec le futur roi. Diana est d'autant plus sur ses gardes qu'Anna Wallace, une ex-petite amie de Charles, l'a mise en garde sur la « relation spéciale » unissant le prince à « Lady » Parker Bowles.

Sur le cliché, on croit deviner les pensées de Camilla face à cette gamine naïve qui rougit à tout bout de champ : « C'est une gourde empotée. »

Pour Camilla, il n'y a plus aucun doute : Diana est la princesse de Galles idéale pour son amant. Il a aussi reçu une lettre de son père Philip qui lui demande de prendre une décision : « L'honneur de cette jeune fille est en jeu. Vous ne pouvez pas tergiverser plus longtemps. »

Un incident survenu à bord du train royal risque, pourtant, de saborder le bel arrangement. D'après le *Sunday Mirror*, Diana a secrètement rejoint Charles à bord du train garé pour la nuit dans le nord de l'Angleterre. D'après l'article intitulé « Le train de l'amour royal », elle serait restée à bord pendant plusieurs heures. La révélation fait grand bruit, car c'est de la future reine qu'il s'agit. Démarche exceptionnelle, la reine écrit au journal pour réclamer un démenti.

De son côté, Diana, preuves en main, démontre au *Daily Mail* qu'elle était bien à Londres ce jour-là : « J'ai été tellement choquée. Je n'arrivais tout simplement pas à le croire. Je n'ai jamais même approché du train, encore moins au milieu de la nuit. » La jeune fille blonde en question aperçue par un journaliste n'était donc pas Diana. Si ce n'était pas elle, c'était donc... Camilla.

— J'ai quelque chose à vous demander.

Diana est invitée par Charles en fin d'après-midi au château de Windsor. Tous deux sont assis l'un à côté de l'autre dans la nursery.

— Si vous consentez à m'épouser, un jour vous serez reine. Avec tout ce que cela signifie. En êtes-vous consciente ? lui demande le prince.

— Je vous aime tellement. Rien ne me fait peur. Je serai votre femme.

Diana est folle de joie, mais en son for intérieur, la future épouse regrette l'absence de romantisme de cette demande en mariage faite dans un cadre lugubre. Charles aurait pu au moins choisir une colline surplombant la Tamise voisine. Après avoir obtenu l'approbation de la jeune fille, Son Altesse Royale téléphone à sa mère, qui lui donne l'imprimatur royal, comme l'exige la Constitution non écrite. Seule note discordante dans ce concert d'applaudissements : Frances Shand Kydd, la mère de Diana, s'inquiète de la précipitation des fiançailles, de l'écart d'âge entre les futurs époux et du fardeau médiatique qu'aura à supporter sa fille. Elle-même avait fait un grand mariage en épousant le comte Spencer. Après le désastre de cette union, elle avait compris avoir été alors plus séduite par la position que par l'homme.

De plus, la carte du ciel des deux fiancés n'est pas exempte de nuages. Tous deux de signes d'eau, scorpion (Charles) et cancer (Diana), ce ne sont pas des caractères faciles, prévient un astrologue à propos des chances de bonheur du couple.

Conformément à la tradition, la virginité de Diana est certifiée par le Dr Pinker, le médecin de la Cour. Il la soumet à une humiliante batterie de tests de fécondité pour confirmer qu'elle peut avoir des enfants. Une enquête de moralité est également conduite par le service de contre-espionnage pour confirmer qu'elle est bien une « rose sans épines », comme l'affirme son oncle, Lord Fermoy. En revanche, aucun test psychologique n'est pratiqué pour mesurer l'effet de ce mariage hypermédiatisé sur la jeune femme.

Lors de l'annonce des fiançailles, le 24 février 1981, Diana porte un tailleur bleu assorti d'une blouse à col noué en boucle qui la fait ressembler à une hôtesse de l'air de la Pan Am. La bague de fiançailles, cadeau de la reine, est un énorme saphir entouré de dix-huit diamants sertis dans de l'or blanc à dix-huits carats. Sur la pelouse de Buckingham Palace, un journaliste demande à Diana :

– Êtes-vous amoureuse ?

– Bien sûr, répond-elle aussitôt.

Le prince Charles, lui, hésite. « Cela dépend de ce qu'on appelle l'amour. C'est une question d'interprétation », dit-il, visiblement surpris qu'on puisse poser une telle question. Aucun journal ne relève cette réponse étrange. La sincérité de Diana, l'ambiguïté du prince. La fanfare des gardes royaux entonne le hit de Cliff Richard : *Congratulations.*

Plus tard, Charles confiera à propos de son manque d'enthousiasme : « Je ne peux pas vivre avec une femme pendant plusieurs années puis en changer si mon couple ne fonctionne pas. Je n'ai pas droit à l'erreur. »

Diana s'installe à Buckingham Palace dans une aile différente de Charles, puis à Clarence House, la résidence de la reine mère. C'est le prince qui en a décidé ainsi, car il souhaite que Diana s'inspire de sa grand-mère dont le mariage avec George VI fut l'un des plus heureux de la dynastie. Alors que la reine mère aurait dû préparer Diana à ses fonctions royales, elle a préféré soigner ses migraines chroniques à coup de perfidies et de champagne rosé.

Le pays exulte. Charles, soudain, est pris par le doute. « Je suis en train de faire l'erreur de ma vie », confie-t-il à ses proches. Il parle de ses inquiétudes à sa sœur Anne, réputée pour son franc-parler. Elle lui rétorque avec un mauvais sourire en invoquant le conseil donné, dit-on, par la reine Victoria à ses filles en prévision de leur

74

première nuit de noces : « Ferme les yeux et pense à l'Angleterre. » Anne, pour une fois, fait aussi preuve d'humour en évoquant sa future belle-sœur : « C'est une idiote. Ce ne sera pas la première à rejoindre notre famille. »

Une opinion que la reine partage en secret.

Elizabeth n'a pas beaucoup d'estime pour les parents de Diana. Le couple a divorcé ; la mère, implacable et impérieuse, s'est enfuie avec l'héritier d'une fortune faite dans les papiers peints en laissant derrière elle quatre enfants ; le père, l'un de ses anciens écuyers, peu sûr de lui, est un affairiste douteux et colérique.

Quand son fils aîné lui fait part de ses états d'âme, Elizabeth II, comme d'habitude, le renvoie à son mari, le prince Philip, à qui elle a délégué les affaires de famille. « Je ne comprends pas de quoi vous vous plaignez. Vous faites des enfants et vous restez fidèle pendant cinq ans. Si le couple ne va pas, vous prenez une maîtresse », lâche, d'une voix enrouée de basse qui interdit toute contradiction, ce père peu enclin à la sensiblerie. « De toute manière, il est trop tard pour les hésitations. » Diana appartient à la très haute aristocratie liée à la famille royale. Elle en connaît les usages. Elle saura accepter les aléas du rang, comme la reine. Car le prince Philip a, dit-on, mené une double vie entre sa femme et des maîtresses.

Camilla, elle aussi, rejette les doutes du prince : « Grands dieux, Charles, vous n'avez pas le choix, lui dit-elle sur l'oreiller. De toute manière je serai toujours à vos côtés. N'est-ce pas ça le plus important ? » Diana n'est pas de taille à bousculer leurs petits arrangements. Du moins le pense-t-elle.

Grave erreur d'évaluation.

Car la future princesse de Galles n'est pas si naïve qu'il y paraît. D'autant que Charles a commis un faux pas. Il a parlé à sa future femme de ses anciennes conquêtes, s'attardant en particulier sur Camilla. Diana en fait rapidement une fixation, harcelant serviteurs et courtisans pour en savoir davantage. Elle entre dans une rage folle en tombant par hasard dans le bureau de Charles sur un coffret renfermant un bracelet destiné à celle qui est déjà sa rivale :

— Pourquoi ne pouvez-vous pas être honnête avec moi ? Pourquoi ce cadeau à cette femme ?

— Je n'ai pas de comptes à vous rendre, répond Charles, sur un ton glacial.

— Pourtant si. On se marie demain.

— Peut-être a-t-on une idée différente du mariage ? J'ai droit à un peu de vie privée.

— C'est absurde ! Pourquoi lui offrir ce bracelet ?

— Pour la remercier d'avoir été à mes côtés. Pour le meilleur et pour le pire.

— Je veux que vous coupiez tout lien avec elle.

— Comment osez-vous me parler sur ce ton ? Les Parker Bowles font partie de notre cercle. Il est normal que je continue à les voir. Ma relation avec Camilla va changer après le mariage. Je pense avoir été très clair à ce sujet.

Une certaine distance s'installe entre les fiancés. Diana se rend en Australie pendant trois semaines pour visiter sa mère et son beau-père qui résident à Sydney. Charles ne l'appelle pas une seule fois. À son retour, un énorme bouquet de fleurs l'attend, mais sans un mot écrit de la main du prince.

Autre épisode révélateur : lors de l'un de ses séjours à Buckingham Palace, elle est réveillée en pleine nuit par le tonnerre. Elle quitte sa chambre pour se réfugier dans celle du prince située au même étage mais dans une aile séparée. Elle s'assied sur le lit. « Serrez-moi, j'ai peur. » Le prince la prend dans ses bras et la rassure puis se rendort… Déçue, Diana regagne sa chambre. En attendait-elle plus ? C'est probable.

Ce manque de tendresse accroît son sentiment d'insécurité. La jeune femme se morfond dans l'immense palais où Charles lui rend rarement visite. Diana n'arrive pas à comprendre que, dans la réalité, la vie d'un futur roi est réglée par le devoir et non par les manifestations de tendresse.

Comment expliquer cette distance ? Le prince est tout simplement amoureux de Camilla. Pourtant, il ne voit pas Diana comme un poids. Il est persuadé qu'elle jouera le jeu et qu'ils pourront avoir dans leur rôle familial un espace de bonheur. Il la traite toujours avec courtoisie, mais de manière distante.

Diana, elle, cherche le grand amour. Elle veut trouver l'homme idéal, le prince charmant, viril et courageux qui emporte la douce jeune fille. Comme dans les centaines de romans fleur bleue de Barbara Cartland, la mère de sa belle-mère. Son livre de chevet est *La Fiancée du roi*, l'un des best-sellers de Cartland.

De surcroît, la vie malheureuse de son ancêtre, Georgina (1757-1806), fille du premier comte Spencer, qui avait épousé à l'âge de dix-sept ans le duc de Devonshire, plus âgé qu'elle, hante Diana. La meilleure amie de Georgina, Lady Elizabeth Foster, était devenue la maîtresse officielle du duc. À la mort de Georgina, Lady Elizabeth devint officiellement duchesse de Devonshire.

Cette présence lancinante d'une autre femme se manifeste sous la forme d'une invitation à un déjeuner en tête à tête. Le pli a été déposé sur son lit à baldaquin de Clarence House. Camilla n'aurait pas dû être au courant de la présence de la future mariée dans cette demeure, tenue secrète pour des raisons de sécurité. À l'évidence informée par Charles, elle a donné directement la lettre au valet du prince au lieu de l'envoyer par la poste. Une intrusion dans l'intimité de Diana ! Camilla va même jusqu'à écrire qu'elle adorerait voir la bague de fiançailles.

Et, hypocrisie suprême, signe sa missive d'un « affectueusement vôtre ».

Diana insiste pour organiser ce déjeuner en l'absence du prince à Buckingham Palace plutôt que dans un restaurant à la mode. Elle se réfugie derrière l'institution royale. Avant de passer à table, l'atmosphère est lourde, les sous-entendus fielleux. Les deux femmes échangent des banalités sur le temps, la circulation dans Londres et bien sûr les préparatifs du mariage.

Lors du déjeuner, Camilla la teste sur la chasse à courre, hobby royal par excellence.

– Quand vous serez à Highgrove (la résidence de campagne de Charles), comptez-vous participer aux chasses ?

– Non. Pourquoi ? Je déteste ça, réplique Diana.

Camilla, elle, a la chasse à courre dans le sang. Elle ne comprend donc pas qu'une aristocrate, destinée à devenir reine, ne partage pas sa passion. Cavalière émérite, elle adore sauter des murs et des haies à la poursuite d'un renard. Elle chasse avec l'équipage du duc de Beaufort, l'un des plus grands seigneurs de la vieille Angleterre. Ce passe-temps qui tient du rituel, elle le partage avec le prince Charles. Ce dernier aime voir sa maîtresse vêtue d'un jodhpur et de bottes cavalières, bien en selle, foncer à travers champs, le fouet à la main, hurlant des obscénités pour encourager la meute. Le prince est très sensible à l'érotisme des femmes à cheval. D'ailleurs, il aime par-dessus tout les gravures équestres du XVIIᵉ siècle.

Décidément, Diana ne comprend rien à rien, pense la favorite du prince.

Diana a vécu ce déjeuner comme un cauchemar. Elle en déduit que sa condescendante rivale entend déterminer ce qui appartient à son territoire et ce qui relèvera de la future épouse.

Elle est également ébranlée par un reportage publié dans *Tatler*, la bible de la haute société, sur les Parker Bowles qui ont ouvert les portes de leur manoir à la journaliste Tina Brown. « Alors qu'ils posaient pour le photographe, je remarquai un curieux mélange d'indifférence et de tension entre les époux Parker Bowles, écrit la chroniqueuse de la haute société. Camilla a adopté tous les tics verbaux du prince Charles. Quant à Andrew Parker Bowles, il passa l'interview à admirer mes jambes. » Dans le reportage, Camilla en profite pour éreinter une ancienne flamme de Charles, Lady « Kanga » Tryon, qui s'était elle aussi confessée au mensuel le mois précédent : « Toute cette histoire d'amitié entre Dale Tryon et Charles est fausse. Elle n'a même jamais rencontré Diana », confie Camilla à *Tatler*.

Décidément, la famille royale et l'aristocratie sont un nid de vipères.

Les premières semaines qui suivent son mariage accentuent le désarroi de Diana.

Son voyage de noces en Méditerranée, à bord du yacht royal *Britannia*, est une rude initiation. Si les journalistes et curieux sont absents à bord de ce navire de teck et de cuivre, le couple est constamment accompagné de deux cent soixante-seize hommes d'équipage au garde-à-vous, du secrétaire particulier, d'un écuyer, de valets, de femmes de chambre et des gardes du corps. C'est un huis clos terrifiant alors que les nouveaux mariés se connaissent à peine et qu'ils n'ont jamais vécu ensemble. Charles profite de la croisière pour relire les œuvres complètes de son mentor et écrivain préféré, le mystique Laurens Van der Post. Diana s'ennuie, cherchant la compagnie de l'équipage comme elle l'avait fait ces derniers mois, auprès du personnel de Buckingham Palace. Mal remise du stress du mariage, elle tombe en dépression. Elle est prise d'accès de boulimie quotidiens. Elle vomit plusieurs fois par jour. Terrifié, le prince téléphone à Camilla : « C'est répugnant. Elle pue tout le temps le vomi. » Les lits jumeaux de la chambre à coucher royale ont été remplacés par un lit unique « *Queen size* ». Leurs relations sexuelles sont rares. Déjà...

La princesse « craque » quand elle découvre dans l'agenda de son mari deux photos de Camilla. Furieuse, elle les jette à la poubelle et affronte, en pleurs, Charles : « Pourquoi me cachez-vous la vérité ? Vous êtes amoureux d'elle, pas de moi. » Charles lui réplique qu'il s'agit de vieilles photos qu'il a simplement oubliées. Dès qu'il a quitté son épouse, il se précipite dans son bureau pour aller les récupérer.

Quelques jours plus tard, le *Britannia* fait escale en Égypte, à Alexandrie. Un dîner est offert par le couple princier au président Sadate. Diana remarque que son époux porte des boutons de manchettes ornés de deux C, les initiales de Camilla et de Charles. Nouvelle scène de ménage, pleurs.

— Ma chérie, c'est son cadeau de mariage ; vous n'allez pas gâcher notre plaisir ?

La jeune femme n'est pas dupe :

— Pourquoi avez-vous besoin de tous ces souvenirs ? C'est moi votre femme aujourd'hui. Elle n'a plus rien à voir avec nous.

Charles lui répond froidement :

– Diana, que vous le vouliez ou non, elle est mêlée à notre ménage. C'est ma plus ancienne amie. J'aimerais bien que vous vous en rendiez compte. Si vous preniez le temps de la connaître, vous l'apprécieriez.

En quelques mots, Charles vient de dire à Diana que la présence de Camilla n'est pas négociable.

La princesse de Galles n'est pas d'accord. Elle est possessive et entend disposer entièrement de son mari. Elle est convaincue que le valet du prince, Stephen Barry, est un espion à la solde de sa rivale et qu'il écoute aux portes. La complicité entre l'héritier du trône et son serviteur la rend également folle de jalousie. C'est Barry qui choisit ses chemises, ses chaussures et jusqu'à ses boutons de manchettes. Ces fameux boutons de manchettes qui l'irritent tant.

Le voyage de noces se termine à Balmoral, en Écosse, où la reine Elizabeth II passe traditionnellement ses vacances d'été. À son arrivée, le prince demande à son valet :

– Est-il normal pour une épouse d'être à ce point obsédée par le passé ?

Étrange question matrimoniale posée à un serviteur ouvertement homosexuel. Ce dernier lui répond :

– Quoi de plus normal, Votre Altesse ?

En son for intérieur, le majordome pense : « C'est quand même embêtant qu'il veuille revoir sa maîtresse à peine un mois après le mariage. » Le prince est totalement déstabilisé. La jalousie, la boulimie et la nervosité

82

de son épouse, qui se sont révélées durant la croisière, l'inquiètent. « Au lieu d'être obsédés par sa virginité, ils auraient mieux fait de s'occuper de ses névroses », confie-t-il au téléphone à Camilla.

Le couple ne fait pas la paix sur l'oreiller. Diana est réticente. Elle confie à l'une de ses amies : « Charles me harcèle. Il veut constamment me baiser. Ça m'ennuie prodigieusement. » À chacun sa version des premières difficultés d'ordre sexuel qui se manifestent dans le couple.

Balmoral, intimidante bâtisse de pierre néogothique aux murs recouverts de tartans qui suintent l'humidité, est un environnement secret peu propice au plaisir. Le paysage de fin de monde n'a pas de quoi dérider une jeune princesse déprimée. La plupart du temps, il pleut. L'endroit est glacial, car la reine est regardante sur le chauffage. La présence de ses beaux-parents et d'un cortège de membres de la famille royale pèse sur le moral de Diana. Les charades après dîner l'ennuient à mourir. Charles se réfugie dans la lecture. Il passe ses journées à chasser la grouse. Diana est désarçonnée par les rigueurs du protocole. Même en villégiature dans ce coin perdu de l'Écosse, il n'est jamais question de transiger avec l'étiquette.

La révérence à la reine est obligatoire. Après le dîner, personne ne peut se coucher avant la maîtresse des lieux. À Balmoral, Elizabeth est la seule à pouvoir s'asseoir dans le fauteuil préféré de la reine Victoria. La princesse de Galles ne comprend pas que son mari serve l'apéritif d'abord à sa mère, à sa tante, à sa grand-mère et à sa sœur avant elle. Dans l'ordre officiel, Diana est numéro deux dans la hiérarchie des dames de la Cour. En pratique, dernière venue, elle est au bas de l'échelle. Et puis la conversation mondaine n'est pas son fort ; elle a le sentiment de ne pas être à la hauteur pour se mêler aux spirituelles discussions de salon. « Je me demande parfois dans quoi je suis allée me fourrer, je me sens tellement petite, tellement seule, tellement dépassée, lâche-t-elle, dépitée, au téléphone à l'une de ses amies d'enfance. Je ne tiendrai pas longtemps le coup ». Depuis le mariage, elle a perdu une douzaine de kilos, ce qui lui va plutôt bien.

Et le fantôme de Camilla resurgit dans le château écossais ! Dans les affaires de Charles, Diana découvre de nouvelles pièces à conviction, deux lettres intimes de son ennemie. La nature de leurs sentiments ne fait plus de doute. Mentalement, ils continuent à s'aimer même s'ils ne font pas l'amour. Elle est mortifiée.

Désormais, Son Altesse Royale n'appellera plus Camilla que par un surnom qui va entrer dans l'histoire : le « Rottweiler ». Cette dernière le lui rend bien, l'affublant du surnom de « Souris ».

CHAPITRE 7

Fêlure

Charles et Diana sont mariés depuis bientôt un an. Ils dînent en tête à tête à Kensington Palace. Le téléphone sonne. Charles quitte la table. Pendant qu'il s'est isolé dans la pièce voisine, la princesse s'imagine que c'est un appel de Camilla. Oubliant ses bonnes manières, elle s'écrie : « Encore cette salope ! » Charles ne dit rien. À la paranoïa de Diana s'ajoute la claustrophobie que lui inspire sa résidence de Kensington Palace. Le palais royal géorgien est une oasis de verdure et de calme, encastrée dans l'un des arrondissements cossus de la capitale, entourée d'hôtels particuliers élégants. À ses yeux, c'est une prison.

Un certain nombre de membres de la famille Windsor habitent dans cet imposant édifice. Lorsqu'elle rentre chez elle, Diana a l'habitude de croiser la princesse Margaret, la sœur de la reine. Trois portes plus loin, c'est le duc et la duchesse de Gloucester qui s'apprêtent à quitter leur appartement. Enfin, à l'étage supérieur, elle bute sur le prince et la princesse Michael de Kent qui donnent une réception. Tout cela sans parler de l'omniprésence du secrétaire privé adjoint de la reine, Robert Fellowes, le propre beau-frère de Diana, qui réside dans une maison mitoyenne. Pour une jeune femme de dix-neuf ans, cette présence familiale est insupportable.

La monarchie britannique est un univers à part. Ses rites dressent un rideau trompeur. La vie sous cloche dorée accentue les luttes de pouvoir et amplifie les aléas de la sphère privée. Les Windsor ne quittent pas Diana d'une semelle. Heureusement, les appartements du 8-9, ceux du couple princier, sont spacieux. Charles veut engager le décorateur royal David Hicks, gendre de feu Lord Mountbatten. Diana lui impose un ami de sa mère, Dudley Poplak, au style bourgeois très chichiteux que le prince déteste. Seule concession de sa femme, elle l'autorise à ajouter quelques meubles et toiles de maîtres issus de la collection de la Couronne qui donnent un vernis royal au décor.

Outre les soupçons d'infidélité et cette ambiance suffocante, Diana se rend compte que Charles n'est pas le prince charmant dont elle rêvait. C'est un rural dans l'âme. Cet ancien militaire aime par-dessus tout les activités de plein air. De surcroît, c'est un casanier introverti, avare, entouré des gourous les plus divers. En général, ses amis sont âgés, issus de l'aristocratie. Elle les a surnommés les « ridés ». Leur conversation – chasse, opéra, histoire – l'ennuie profondément. Elle n'aime pas la façon dont son mari s'habille : costumes croisés à larges poches faits sur mesure à Savile Row, chemises avec poignets mousquetaires de Jermyn Street et cravates à rayures club. Une élégance figée des années cinquante. Diana la Londonienne déteste le kilt écossais rouge, gris et noir et les hautes chaussettes qu'adore porter son époux lorsqu'il est à Balmoral. Son mari ignore la modernité. Il se réfugie volontiers dans un passé idéalisé, une Angleterre rurale à jamais disparue.

Tout cela ne serait rien si Charles lui témoignait un peu de tendresse. Caresses, baisers, câlins, mots gentils sont rares. Les réserverait-il à Camilla ? C'est ce que Diana imagine dans ses moments de cafard.

Le prince est également malheureux. Il l'a épousée sous la pression de sa famille et de l'opinion. Dans son esprit, même s'il s'agissait d'un mariage de raison, il espérait trouver quelques satisfactions dans cette union. Mais ils n'ont rien à se dire. La fille du comte Spencer s'exprime d'une voix monocorde sans faire de phrases, dans le langage du commun des mortels. Elle n'a pas l'accent traînant et bégayant de la gentry. Elle ne lit que des romans à l'eau de rose. Elle écoute à longueur de journée Dire Straits et Wham dont Charles n'a jamais entendu parler. Avec Camilla, il peut passer des heures en compagnie de Berlioz et de Wagner, son compositeur favori.

Une chose agace par-dessus l'héritier du trône. Très vite, il est éclipsé par sa femme sur la scène médiatique. Diana lui fait de l'ombre en public, met à mal sa légitimité et révèle en pleine lumière ses défauts. « Elle a tous les talents, et surtout celui de voler la vedette au prince », se plaint l'entourage de Charles. Tactique de guerre dont elle saura se servir plus tard avec une efficacité redoutable.

En Australie, furieuse de voir les photographes serrer son mari de trop près, elle tire la couverture à elle en relevant sa jupe jusqu'à mi-cuisses. À Paris, Diana accapare toute l'attention du public et des journalistes. Personne ne s'intéresse au discours sur l'Europe que prononce le prince Charles, ni à ses préoccupations sociales. Au Japon, l'album de souvenirs de la visite du couple, publiée par l'*Asahi Shimbun*, plus grand groupe de presse du pays, est presque entièrement consacré à la princesse. Une photo pleine page est particulièrement cruelle pour Son Altesse Royale : elle est nette, lui est flou...

« Au moins maintenant, je connais ma place. Je ne suis que le porteur de fleurs de ma femme », déclare, pince-sans-rire et guindé, Charles lors d'une visite dans sa principauté, le pays de Galles. Il ne faisait que paraphraser le président Kennedy : « Je suis celui qui accompagne Jacqueline Kennedy à Paris. » Si JFK le disait fièrement, le fils aîné d'Elizabeth II déplore le succès de sa femme.

À l'exception de ce commentaire, il n'est toutefois pas question pour le futur roi d'exposer au grand jour ses états d'âme. Il les garde pour lui et souffre en silence. En effet, ses futurs sujets portent aux nues une union qui continue de les émerveiller. Quant à la famille royale, elle se satisfait d'avoir réglé une fois pour toutes le problème dynastique. Les amis du prince le croient heureux en ménage, filant le parfait amour.

Dans ce ratage conjugal, la seule à tirer son épingle du jeu est... Camilla. Depuis la dernière nuit d'amour qui a précédé le mariage en 1981, elle n'a pas partagé le lit de son amant. Dans son rôle de « meilleure amie », elle est omniprésente dans la vie du prince. Cette position lui confère un prestige dans le petit milieu aristocratique où tout le monde se connaît. Elle est, de plus, heureuse dans son ménage. Aux côtés de leurs deux beaux enfants, sous le porche de leur manoir dans le Wiltshire, les Parker Bowles évoquent un chromo de la gentry rurale britannique.

Désespéré, Charles appelle Camilla dix fois par jour pour évoquer la crise de son couple. Sans ménagement, elle lui conseille de faire soigner l'« étrange créature ». Le prince convoque au chevet de sa femme psychologues, nutritionnistes et autres experts des désordres de l'alimentation. Le couple consulte même un conseiller conjugal. Le verdict des spécialistes est catégorique : Diana souffre de solitude, Charles doit l'intégrer davantage dans sa propre vie. Ils doivent passer plus de temps ensemble.

L'instabilité de la jeune femme s'explique aussi par l'histoire de sa famille et de sa jeunesse troublée. Diana est une Spencer. Une vraie grande famille remontant à

Guillaume le Conquérant et qui a pour devise « Dieu défend ceux qui ont raison ».

Sa blessure la plus profonde, c'est sa mère qui la lui a infligée. Diana n'avait que sept ans lorsque celle-ci a abandonné le foyer familial pour rejoindre son amant. La princesse de Galles se souvient encore de sa mère quittant pour toujours le manoir d'Althorp.

Son mal-être, l'opinion n'en a pourtant pas conscience. Au contraire, la Terre entière vénère cette femme irrésistible qui rajeunit la monarchie séculaire. Les foules hurlent son nom dès qu'elle apparaît. L'appétit de la presse pour ses tenues est insatiable. Le prince est quasiment ignoré. Sa femme a droit à des hagiographies permanentes. Fascinés par cette jeune et jolie princesse qui sait jouer de ses cils frémissants, les politiques eux aussi la courtisent. Elle sait comment attirer les gens dans son camp. La star, c'est elle. Ses rivales féminines à la Cour, comme les princesses Margaret et Anne, sont mortifiées par le culte de cette icône vivante. Charles est tout simplement jaloux.

Le duc d'Édimbourg l'avait pourtant prévenue avant son mariage. Il avait évoqué le souvenir de ses propres fiançailles, en 1947, avec la future reine Elizabeth, l'incroyable adulation qui s'en était suivie et l'hystérie médiatique. « Cela aurait pu nous dévorer. Il aurait été très facile de poser pour la galerie, mais j'ai délibérément décidé de ne pas me prêter à ce jeu. Il est moins risqué de ne pas être trop populaire, Madame, on tombe de moins haut. » Sans la critiquer directement, Philip lui avait raconté qu'il avait eu du mal à s'effacer derrière sa femme, à marcher deux pas derrière elle. Il avait dû sacrifier ses vieux complices de la Royal Navy. Diana avait à l'époque écouté poliment son beau-père mais sans entendre son avertissement à peine déguisé.

Et désormais, la voilà prisonnière de son statut de diva. Enfant, elle voulait devenir danseuse étoile. Aujourd'hui, Diana a adopté tous les travers de la jet-set : égocentrisme, narcissisme, perte du sens des réalités, autoritarisme. Ainsi, elle exige le renvoi du personnel au service du prince avant son mariage, en particulier les « célibataires endurcis », les homosexuels, dont elle ne veut pas auprès de ses futurs enfants. C'est la même Diana qui deviendra par la suite l'idole des gays après avoir serré la main d'un malade du sida !

Sa timidité est trompeuse. En réalité, c'est une redoutable manipulatrice. Ainsi, elle utilise Kanga, l'ex-maîtresse du prince, pour contrer Camilla, bien que celle-ci continue à se refuser à Charles. L'Australienne a ouvert une boutique de mode à Beauchamp Place, une petite rue non loin de Harrods, à proximité du restaurant San Lorenzo, devenu la « cantine » de la princesse de Galles. Cette dernière y dispose de sa propre table à l'étage sous une verrière, dans l'espace réservé aux VIP.

Les deux femmes se voient régulièrement au San Lorenzo. Un jour, à l'insu de Kanga, Diana fait prévenir le *Daily Mail* qui dépêche un photographe à la sortie du restaurant. Le cliché de l'épouse et de l'ex-maîtresse de Charles fait la une du quotidien favori des Anglaises. C'est surtout un message destiné à Camilla. Kanga, imprévisible, a tendance à se répandre dans les journaux. À travers elle, Diana peut tout révéler aux médias. Or, à cette époque, en 1982-1983, aucun journal n'a jamais évoqué l'existence de Camilla dans la vie de Charles. Il faudra attendre 1992 pour que la liaison soit révélée par la presse.

Une nouvelle devrait chasser les mauvais nuages qui s'amoncellent au-dessus de Kensington Palace. Une photo montre Diana assoupie sur le siège mis à sa disposition lors du vernissage d'une exposition d'art italien au Victoria and Albert Museum. Ennui ? Non, Diana est enceinte ! La presse se déchaîne, la nation applaudit, mais le prince Charles aurait préféré attendre deux ou trois ans que sa femme ait eu le temps d'apprendre les us et coutumes royaux et acquis l'expérience des représentations à l'étranger. Diana n'a que vingt ans. La majorité de ses anciennes amies ne sont même pas mariées, encore moins enceintes. Les gynécologues redoutent l'effet du stress et de l'épuisement sur le déroulement de la grossesse. En raison de son âge et de sa constitution, les nausées matinales sont effroyables, les sautes d'humeur et les crises de nerfs fréquentes.

« J'espère que ce sera un garçon », proclame Diana en annonçant à son peuple attendri que son prince de mari ne cesse de lire des livres sur la maternité.

Les commandos britanniques se sont lancés à l'assaut de l'archipel des Malouines perdu dans l'Atlantique sud. Le Royaume-Uni joue à la guerre et à la grandeur retrouvée. Ronald Reagan et le pape Jean-Paul II se rendent en visite à Londres.

Le prince William naît le 21 juin 1982, à l'hôpital St. Mary, à Londres. « *It's a boy* » : Diana est peut-être pour la première fois depuis son mariage vraiment heureuse. Elle adore cet enfant qui donne enfin un sens à sa vie. Charles, qui a assisté à l'accouchement difficile, exulte : « J'ai été récompensé par la vision d'une petite créature qui nous appartient, même si nous la partageons avec tout le monde. » Le royaume est fou de joie avec lui. Une salve de quarante et un coups de canon accueille la venue au monde du sixième descendant direct de la reine Victoria. Le bébé blond de sept livres, aux yeux bleus comme ceux de sa maman, soude les maillons de la chaîne monarchique à travers les âges. Avec le prince William Arthur Philip Louis, deuxième dans l'ordre de succession après son père, destiné à devenir le quarante-deuxième souverain britannique depuis la conquête normande, en 1066, l'Angleterre triomphe. D'autant qu'une semaine auparavant, les forces armées britanniques ont reconquis l'archipel des Malouines en chassant les envahisseurs de la junte argentine. Le délire patriotique est à nouveau à son comble. Le prince offre à son épouse un collier de diamants orné d'un cœur et une nouvelle Mini vert pomme faite spécialement pour accueillir un siège bébé.

L'ancienne auxiliaire de maternelle, qui avait travaillé comme baby-sitter, adore les enfants. Elle aime s'amuser avec eux par terre, leur faire des câlins, les serrer dans ses bras, chanter des comptines, lire des histoires. Elle est tout simplement une mère « normale ». Elizabeth II n'a jamais manifesté de tendresse vis-à-vis de ses enfants. Et aux côtés de Diana, Charles apprend lui aussi la douceur paternelle. Interrogée avant son mariage par la BBC et ITV sur le type de cadeaux qu'elle aimerait recevoir, Diana, pourtant nerveuse, a répondu sans hésiter : « Tout ce qui vient des enfants. » Au cours de son mariage, en 1981, la façon dont elle se comporte avec les jeunes demoiselles d'honneur et les pages est adorable. Malgré la dépression post-natale de Diana, le couple donne, vu de l'extérieur, une impression de solidité. Contre l'avis des conseillers, les heureux parents emmènent William avec eux au cours de leur tournée de six mois dans le Commonwealth.

Après deux années de mariage turbulentes, ils espèrent créer enfin de vrais liens conjugaux. D'autant que Diana attend rapidement un deuxième enfant. Pendant la seconde grossesse, elle veut être sexy et plaire à Charles. La perspective de l'accouchement les rapproche, même si elle fond souvent en larmes lors des essayages des tenues confectionnées par le couturier Jasper Conran. Harry naît le 15 septembre 1984. Diana a fait son devoir de princesse de Galles en mettant rapidement deux enfants au monde.

Pourtant, l'état de grâce conjugal ne dure que quelques jours.

« C'est un garçon… et il a les cheveux roux » est le seul commentaire du prince de Galles sur Harry. Il n'avait pas caché avant l'accouchement qu'il souhaitait une fille, comme le veut la tradition familiale. Si les Windsor n'ont pas de roux dans la famille, les Spencer en ont beaucoup, à commencer par Sarah, l'ex-*girl-friend* du prince. Diana ne lui pardonne pas cette remarque ambiguë. « En l'entendant, quelque chose est mort en moi », dira-t-elle par la suite. Diana a essayé une dernière fois d'être désirée par son mari en arborant de la lingerie sexy, en flirtant, en s'adonnant même à un strip-tease pour l'aguicher. En vain. « Je ne sais pas comment Charles et moi sommes arrivés à faire Harry, mais nous avons réussi... »

L'état de Diana se dégrade rapidement. Sa boulimie s'aggrave. Elle vomit une dizaine de fois par jour, ce qui entraîne de terribles maux de tête et de gorge. Elle fait de l'exercice jusqu'à l'épuisement, deux fois par jour, le matin et le soir. Son corps, pourtant sans la moindre trace de graisse, lui répugne.

Charles est dépassé par les événements. Ses coups de fil à Camilla prennent un tour toujours plus pathétique :

– Il est impossible d'avoir une conversation rationnelle. Elle explose dès que j'essaie de lui parler, dit-il.

– Mon chéri, soyez patient, elle est tellement jeune et naïve. Personne ne peut comprendre la difficulté de sa position.

– Je suis au bout du rouleau.

– Passez plus de temps avec elle et moins avec vos amis.

Quand il raccroche, une chape de plomb tombe sur ses épaules. Il en veut à Camilla de faire preuve de compréhension envers les difficultés de sa femme. Il se sent condamné à vivre à perpétuité avec une détraquée. En effet, il a été averti par les services secrets que Diana utilisait sa ligne directe pour harceler Camilla. Elle l'appelle et raccroche le combiné dès que cette dernière répond. Pour éviter le scandale, Camilla ne porte pas plainte.

L'état mental de Diana inquiète même sa propre famille. La romancière Barbara Cartland, mère de la deuxième épouse du comte Spencer, raconte une scène surprenante. La vieille dame prend le thé chez le couple le plus médiatique de la planète. Sur un ton sec, Diana demande à Charles de lui servir une tasse d'Earl Grey.

— Ma chère, nous avons du personnel en grand nombre pour verser le thé. Pressez la sonnette placée sous la table pour appeler le maître d'hôtel. Il viendra tout de suite vous servir.

Hors d'elle, Diana s'empare de la théière ventrue et la jette par terre.

Son comportement devient de plus en plus erratique. Pour la première fois depuis leur déjeuner en tête à tête avant les noces, la princesse rencontre Camilla. Les Parker Bowles pendent la crémaillère de leur nouveau manoir, Middlewick House. À peine arrivée, Diana s'écroule dans un sofa, affirmant qu'elle ne se sent pas bien, et demande de partir. Embarrassé par cette scène devant ses amis, Charles la ramène à Highgrove. Soudain rétablie, elle court à la cuisine, mange un grand pot de crème glacée puis se fait vomir.

Malgré les deux naissances, le couple fait chambre à part. Leurs vies sont de plus en plus séparées. Diana se retire dès neuf heures du soir ; lui s'enferme dans son bureau en écoutant des airs d'opéra jusqu'à l'aube.

Dans une interview, Barbara Cartland éclaire les problèmes conjugaux dans une version étonnamment hard pour la papesse du roman rose : « Le problème, c'est que Diana n'a jamais voulu faire de pipe ! »

Les disputes s'aggravent. Diana s'arrange toujours pour que les altercations se déroulent en présence du personnel de maison. Quand Charles claque la porte, elle prend les serviteurs à témoin :

– Vous ne trouvez pas que c'est un goujat ?

Fidèle aux instructions du grand chambellan, valets et femmes de chambre répliquent invariablement :

– Ce n'est pas à nous de juger, Madame.

Fille de comte, elle est consciente de briser un des tabous du protocole royal : ne jamais déballer son linge sale devant les domestiques.

Tandis que Diana broie du noir, Camilla et le prince se voient désormais régulièrement à la chasse à courre ou se croisent à Londres. Leurs rencontres sont toujours chastes. Leur *gentleman's agreement* de 1981 – amis oui, amants non – est toujours en vigueur.

Plus pour très longtemps. Le *Daily Mail* a eu vent du peu d'enthousiasme témoigné par Charles à la naissance de Harry. Le journal s'interroge à la une : « Quel sorte de père Charles est-il ? » La manchette assassine du tabloïd conservateur choque profondément l'héritier du trône.

L'étendard royal est hissé sur Highgrove House, une maison néoclassique à façade grise entourée de cent trente-huit hectares de champs ondulés. Lorsqu'elle lui rend visite dans sa retraite champêtre, Camilla trouve le prince désespéré et révolté par ces accusations injustes. Elle l'étreint pour le réconforter, puis ils s'embrassent. L'inévitable se produit. Camilla entraîne Charles en silence dans la chambre à coucher du premier étage. Ils refont l'amour pour la première fois depuis quatre ans. Tous deux ont eu deux enfants légitimes. Le devoir d'abstinence qui leur avait été imposé par la coutume a été respecté. Désormais, il n'a plus de raison d'être.

Ils s'aiment.

C'est le retour à la case départ.

Dans les cercles aristocratiques, la reprise de la liaison fait jaser. Les rumeurs arrivent jusqu'à Buckingham Palace. Dans son bureau tapissé d'un papier rouge sang de bœuf à flanquer le cafard, Robert Fellowes se morfond. Ancien banquier moulé au collège d'Eton, cet ex-officier d'un régiment de cavalerie royal est l'un des secrétaires particuliers de la souveraine. Il est aussi le beau-frère de Diana, ayant épousé sa sœur aînée Jane. La future princesse de Galles avait été l'une des demoiselles d'honneur. Diana s'est épanchée sur l'épaule de sa sœur, mais sans jamais mentionner Camilla. Et Jane, ébranlée, a alerté son mari sur les difficultés du couple princier.

Cet homme sérieux est une sorte de directeur de cabinet de la maison royale, mais aussi des affaires privées de la Couronne. Dans son esprit, servir Elizabeth II, c'est avant tout servir l'État. Il demande audience à la reine, l'informe de la situation, insistant sur les aspects institutionnels de cette crise matrimoniale.

La reine ne dit rien. Au fond, Robert Fellowes ne fait que confirmer ce qu'elle pressent. Car si la presse britannique a évité d'aborder jusqu'à présent le sujet, les commérages du palais sont remontés jusqu'à l'oreille de Sa Majesté. Certains valets sont des « indics » à sa solde.

Si la presse londonienne se tait, le magazine américain *Vanity Fair* révèle les déchirements du couple. « Ça barde terriblement entre Charles et Lady Di », titre l'hebdomadaire, très lu dans la haute société britannique. Le journal évoque pêle-mêle les disputes, le goût immodéré de la princesse pour les toilettes, sa haine pour sa belle-sœur, la princesse Anne, le caractère autoritaire de Diana et la façon dont elle manipule la presse. Pas un mot toutefois sur l'existence de Camilla.

Elizabeth II est furieuse. Elle ordonne à Charles et à Diana de démentir ces bisbilles au cours d'une interview diffusée en novembre 1985 par la chaîne commerciale ITV. Charles, en costume sombre et cravate rouge, et Diana, en robe chemisier crème, sont sagement assis sur un canapé dans une salle de réception de Kensington Palace. William et Harry caracolent à travers la pièce, grimpent sur les chaises, tapent comme des sourds sur un piano à queue. Les époux remettent les pendules à l'heure face aux ragots.

– Avez-vous des petits accrochages ? demande le journaliste.

– Oui, bien sûr, comme tous les couples, répond Charles.

– Non, nous n'avons pas de disputes, corrige Diana, déterminée à donner une image positive de son ménage.

Les époux plaisantent :

– On est prêts à se remarier demain.

Le générique défile sur Diana qui s'assoit sur la moquette, sur Charles qui soulève Harry sur ses épaules, une famille heureuse. On y croit. Le lendemain, la presse donne un dix sur dix à la prestation du prince et de la princesse de Galles. « Bravo pour cet entretien qui nous a permis d'entrer pour la première fois dans l'intimité familiale de l'héritier du trône », proclame le tabloïd *The Sun* qui tire alors à quatre millions d'exemplaires quotidiens.

Le couple a rassuré ses futurs sujets.

CHAPITRE 8

Château à part

Dans la salle à colonnes du Conseil des ministres, Margaret Thatcher, calée dans un profond fauteuil, accuse le coup. Le secrétaire général du gouvernement a mis au courant l'hôtesse du 10 Downing Street de la reprise de la relation entre Charles et Camilla. Un policier chargé de la protection princière a prévenu ses supérieurs qui ont transmis l'information au Premier ministre. Que faire ?

Entre Mrs Thatcher et les Windsor, le torchon brûle en cette année 1986. Lors du premier mandat conservateur, entre 1979 et 1983, tout baignait pourtant dans le thé. La famille royale approuvait la politique drastique de redressement d'une situation économique que le laisser-aller des équipes précédentes, de droite comme de gauche, avait singulièrement compromise. Leurs relations étaient au zénith lors de la guerre des Malouines en 1982. La souveraine a applaudi non seulement à la reconquête de l'archipel de l'Atlantique sud, mais autorisé son fils cadet, Andrew, pilote d'hélicoptère naval, à participer au conflit. De plus, le clan Windsor a soutenu le refus de la Dame de fer de négocier avec les grévistes de la faim de l'IRA. Cinq ans plus tôt, les mêmes paramilitaires catholiques avaient assassiné Lord Mountbatten.

Toutefois, l'harmonie entre le palais et le 10 Downing Street n'a pas survécu à la longue grève des mineurs et au refus de Mrs Thatcher de recourir à des sanctions économiques contre l'Afrique du Sud de l'apartheid qui déchire le Commonwealth, la grande famille d'outre-mer.

Le prince de Galles, pour sa part, reproche au gouvernement son manque de compassion pour les plus démunis et la dégradation du tissu social. Le Premier ministre s'irrite de la sympathie affichée par le fils aîné d'Elizabeth II en faveur des émeutiers de Liverpool ou de Londres lorsqu'il déclare : « Je ne veux pas régner sur un pays divisé. » Elle le considère comme un *wet* (une poule mouillée) prompt aux concessions, voire un poisson-pilote de l'opposition travailliste. L'hostilité aux syndicats comme à l'establishment de cette croisée du libéralisme, son nationalisme chauvin, surtout son ode au retour aux valeurs victoriennes, y compris en matière de mœurs, ont forgé un lien solide avec la classe moyenne. « Protégez-nous des rois intelligents, dit-elle à propos du prince de Galles. Charles Ier a perdu la tête, Charles II a vendu son pays aux Français, George III a perdu l'Amérique. »

En 1987, à l'aube d'un troisième mandat à la tête du pays, Mrs Thatcher ne veut pas d'une nouvelle confrontation avec les Windsor. L'information sur les problèmes conjugaux du couple ne doit en aucun cas filtrer.

Les chroniqueurs royaux ne sont pas totalement dupes pour autant. Même en public, les manifestations de tendresse sont rares et sonnent faux. Pourtant, les journaux britanniques n'osent pas encore mettre l'opinion publique au courant. Certes, il y a eu l'article de *Vanity Fair*, mais c'est une publication qui ne circule que dans les cercles huppés. En outre, la famille royale fait tourner les rotatives et remplit les caisses des journaux, populaires comme sérieux.

Et le conte de fées vient de s'enrichir d'un nouveau chapitre avec l'arrivée de Sarah Ferguson, vingt-six ans, dite « Fergie », qui épouse le prince Andrew. Ce bel homme, ostensiblement viril, surnommé « Andy le tombeur » en raison de ses succès féminins, est le fils préféré de la reine. L'aspect naturel d'Andrew, son élégance sportive et sa participation à la guerre des Malouines ont pour beaucoup contribué à sa popularité. À ce frère de douze ans plus jeune, Charles a toujours envié son physique de beau gosse et une liberté d'allure à laquelle il a dû renoncer. Fergie, jeune femme rousse, voluptueuse comme un Rubens, s'intègre facilement au clan Windsor.

Diana trouve une alliée au sein de la famille. S'entendant d'abord comme larrons en foire, multipliant les facéties, elles deviennent pourtant très rapidement rivales. Diana en arrive à prendre ombrage des succès de la duchesse d'York, de l'amour que lui porte son mari et de ses contacts faciles avec la reine. À la souveraine, Fergie raconte des blagues. Elles se partagent des tuyaux sur les courses hippiques.

Après le mariage d'Andrew et Fergie, Charles, Diana et les enfants passent des vacances à Majorque, à l'invitation du roi d'Espagne. Le couple sourit aux photographes ; en privé, ils s'adressent à peine la parole. Pour ennuyer Charles, Diana flirte ouvertement avec Juan Carlos, qui semble se prêter au jeu. Excédé, le prince invoque des obligations officielles pour abréger ses vacances. Il laisse Diana et les enfants à Majorque et rejoint Balmoral… où la famille Parker Bowles a été invitée par la reine. Cynisme d'une mère complice de l'adultère de son fils ? Ce n'est pas impossible. Mais ce qui est certain, c'est qu'elle apprécie le couple Parker Bowles et qu'elle l'a invité dans son domaine écossais. Pendant qu'Andrew chasse la grouse en compagnie du duc d'Édimbourg, Camilla retrouve Charles dans une maisonnette à l'écart du château.

À Highgrove, les deux amoureux ont mis au point un scénario presque parfait destiné à brouiller les pistes. Camilla arrive et entre dans le manoir par la terrasse arrière sans être annoncée en lançant invariablement : « Comment va mon petit prince aujourd'hui ? » Le dîner est rapidement expédié. Elle couche dans la chambre d'ami. Après l'extinction des feux, elle rejoint la chambre conjugale, et repart à l'aube. Après son départ, le serviteur attitré du prince froisse les draps du lit de la dame et place des coussins déjà utilisés pour tromper les femmes de chambre. Les rares fois où Diana est présente, les deux amants se retrouvent dans les jardins. Là, dans un décor champêtre à la Fragonard, ils font l'amour dans les buissons en prenant soin d'échapper aux caméras de sécurité braquées en permanence sur les dépendances. Le matin, le valet enlève les traces d'herbe et de feuilles restées sur le pyjama princier.

Le scénario se répète quand son amant lui rend visite chez elle, à Middlewick House, à une trentaine de kilomètres de Highgrove et à deux heures de voiture de Londres. Dès qu'Andrew quitte le foyer pour se rendre dans la capitale, Charles déboule. Les domestiques lui ont d'ailleurs donné le surnom de « prince de l'ombre ». Séductrice-née, Camilla porte toujours des dessous affriolants. Elle lui prépare un repas léger – poulet salade, fraises à la crème – acheté au supermarché du coin. Un verre de vin à la main, ils vont se coucher dans la chambre éclairée aux bougies. Lorsque Charles découche, il encercle au stylo feutre dans le *TV Times* les programmes de télévision qu'il est censé avoir regardés. Un gage de bonne foi si Diana devait lui demander des comptes sur son emploi du temps.

Diana commence à déserter Highgrove. Elle n'y va plus que pour ramener ou reprendre les enfants. Les traces de la présence de Camilla dans la résidence de campagne de Charles la poursuivent. Par hasard, elle trouve dans un secrétaire des lettres de Camilla. Débarquant à l'improviste à huit heures du matin, elle croise dans l'allée un 4×4 qui quitte la propriété. Elle a reconnu la silhouette au volant. C'est sa rivale ! Arrivée dans la demeure, elle découvre le lit conjugal défait. Elle fait une scène à Charles. Il reste de marbre et continue à lire son journal. Ce n'est pas une tactique visant à déstabiliser sa femme : l'héritier du trône, si imbu de sa légitimité, ne peut tout simplement pas concevoir qu'on s'adresse à lui de cette manière.

Le mariage est fini, personne ne veut l'admettre. Charles est persuadé que Diana restera son épouse officielle jusqu'à la fin de ses jours. Tant que Camilla est là, qu'importe les disputes à condition que leur écho ne dépasse pas les murs du foyer. Diana, elle, est parvenue à ses fins : elle est princesse de Galles et mère de deux enfants. Elle est devenue une star planétaire. Si seulement son mari pouvait l'aimer ! Sans le Rottweiler, comme la princesse continue d'appeler Camilla, les époux auraient peut-être pu se retrouver.

À la dislocation du couple succède la séparation de corps. Diana fait enlever ses effets personnels de Highgrove. De son côté, Charles abandonne à son épouse la résidence de Kensington Palace. Quand il est à Londres, le prince habite au palais de St. James, voisin de Buckingham Palace.

La voie est libre pour Camilla, la nouvelle locataire de Highgrove. C'est elle qui mène désormais la danse.

Charles doit officialiser sa nouvelle situation auprès de son cercle intime tout en gardant les formes. Le bristol qu'il adresse à ses meilleurs amis est ainsi libellé : « Leurs

Altesses Royales le prince et la princesse de Galles vous invitent à dîner ce samedi à Highgrove... L'apéritif est servi à 20 heures. Tenue : Smoking/robe longue. Pas de décorations. Pour mémoire. » Rien n'a changé... si ce n'est que c'est Camilla qui est aux côtés de Charles pour saluer les invités à leur arrivée. Tout le monde joue le jeu. Camilla, en hôtesse accomplie, sourit avec bienveillance en tendant une main gantée de blanc, à l'instar de la reine. Comme dans un dialogue surréaliste, Charles explique d'une voix indifférente que son épouse est à Londres ce week-end-là.

Camilla est assise face à Charles de l'autre côté de la table, à la place qu'aurait dû occuper Diana. Le repas est simple. Les légumes viennent du jardin et « ne coûtent pas un penny », insiste le prince. On ne repasse pas les plats. La conversation tourne autour des centres d'intérêt de la gentry, l'opéra, les expositions, l'histoire, la vie de la campagne, l'Italie. Il serait vulgaire d'aborder, comme dans les dîners bourgeois, le prix de l'immobilier, la politique ou les célébrités. Camilla n'a pas fait d'études supérieures. Ce n'est pas une intellectuelle, mais elle est fascinée par l'histoire britannique, une passion qu'elle partage avec le prince. Comme son amant, elle a un sens de l'humour typiquement anglais, celui de l'autodérision : alors que les Français se moquent des autres, les Anglais se moquent d'euxmêmes. Elle signe ses lettres à Charles « ta vieille peau dévouée ». S'ils ne s'affichent pas comme un couple, leur complicité est évidente. À la fin du repas, selon la bonne tradition de la gentry, les femmes gagnent le salon, les hommes restent entre eux et boivent du porto avant de les rejoindre.

Si Charles et Camilla ne cachent plus leur liaison en petit comité, c'est séparément qu'ils vont à l'étranger, même si c'est pour se retrouver sous couvert d'anonymat. C'est le cas par exemple lors d'un séjour privé du prince en Italie, en avril 1987. Charles est un aquarelliste averti. Quand il se rend seul à Florence pour peindre des paysages de Toscane, dont il adore la lumière comme tant d'artistes britanniques, il fait circuler la rumeur qu'il est proche d'une jeune et sublime princesse locale, Fiametta Frescobaldi. En fait, c'est un leurre. Camilla le rejoint. Pour tromper la presse, elle loue sous un faux nom une autre maison du village.

Diana vit d'autant plus mal cet éloignement dissimulé qu'elle doit entretenir aux yeux du monde la fiction de son couple. Et elle est tout simplement jalouse de Camilla. Rien ne l'empêche désormais de prendre un amant à condition de sauvegarder les apparences.

Le couple princier est invité au mariage du marquis de Worcester. Le prince passe la soirée à téléphoner à Camilla. Et c'est une Diana inédite qui se révèle lors du bal. Volubile, gaie, charmeuse, elle ne quitte pas la piste de danse. Charles, qui s'ennuie et déteste danser, veut partir. Diana refuse. Furieux, son mari l'abandonne et rentre à Highgrove.

Dès qu'il est parti, la princesse jette son dévolu sur Philip Dunne, un banquier très séduisant surnommé le

« beau mec » à la City en raison de ses nombreux succès féminins. Il est grand, drôle, aristocrate et partage son cercle d'amis. Son père était Lord Lieutenant du Hertfordshire et ami de la souveraine. Ils dansent jusqu'à l'aube. Très tendrement.

Dans les semaines qui suivent, on verra Diana et Philip dans un restaurant français de Londres au nom prédestiné, Ménage à trois, aujourd'hui disparu, à un concert de David Bowie puis aux courses hippiques d'Ascot. Ont-ils été amants ? Le doute persiste encore aujourd'hui. À l'époque, le prince soupçonne une infidélité de sa femme. Il ne peut pas intervenir directement. Il fait appeler Dunne par son secrétaire privé, Richard Aylard. Le message est clair : le banquier doit immédiatement cesser de voir la princesse de Galles. Un scandale doit être évité dans l'intérêt de tout le monde. Dépassé par l'ampleur de l'affaire, Dunne accepte de cesser de voir Diana. Il tiendra parole. La princesse est folle de rage. Non seulement elle est trompée, mais voilà que le palais entend aussi lui dicter sa conduite.

Ce qui en revanche est indiscutable, c'est la liaison entre Diana et son garde du corps, Barry Mannakee. La princesse elle-même a avoué qu'il avait été l'un des plus grands béguins de sa vie. Ils sont surpris en position compromettante par un autre policier. Immédiatement muté, Mannakee meurt quelques mois plus tard dans un accident de moto. Le prince Charles annonce ce décès à Diana le 15 mai 1987, la veille de leur départ pour le festival de Cannes. Elle est effondrée mais ne laisse rien percer de son chagrin. Seuls les yeux brillants, à peine humides, disent l'émotion contenue. Elle serre les dents. En son for intérieur, Diana a parfois pensé que Mannakee avait été assassiné sur ordre de Charles.

Pour la première fois, la presse britannique s'alarme de l'état du couple princier. En étudiant les engagements officiels respectifs, le tabloïd *Today* calcule que sur une période de quarante-deux jours, le prince et la princesse n'ont passé que deux nuits sous le même toit.

La reine convoque Charles. Pour une fois, l'explication est franche.

Le prince ne ressent aucune culpabilité pour sa liaison avec Camilla. À l'entendre, c'est sa femme qui a tous les torts. « Diana est tout simplement dérangée », dit-il à sa mère. Elizabeth est d'accord. Dans un moment de sincérité rare, la souveraine évoque alors les aventures prêtées dans le passé à son propre époux. Elle avait réagi aux ragots en les ignorant. Par conviction religieuse, par convenance et... par amour. Le message est clair : « Le divorce est hors de question. Il faut trouver un arrangement avec Diana. Je ne vous demande pas de lâcher Mrs Parker Bowles. Comme vous le savez, je l'apprécie énormément. Il faut contrôler Diana à tout prix. C'est une écervelée. Dieu sait ce dont elle est capable », dit la reine d'une voix nasillarde avec une certaine prescience.

Tranchant, distant, le prince Philip, lui, ne prend pas de gants avec son fils aîné : « Cette situation idiote doit cesser. Je ne sais pas qui est fautif et je m'en moque. Vos actes insensés mettent en péril la royauté. » Le duc d'Édimbourg veut que Charles mette fin à la liaison avec Camilla. Les autres membres du clan Windsor – la reine mère, la princesse Margaret, le duc de Kent, le prince Andrew – se rangent à son avis.

La princesse Anne, en revanche, est l'une des rares à défendre Camilla. Elle déteste Diana qui a refusé qu'elle soit marraine de William et qui a boycotté le baptême de son propre fils, Peter. Et surtout la sœur de Charles aime beaucoup les Parker Bowles. Elle garde une immense affection pour Andrew, l'un de ses premiers boy-friends, qu'elle ne veut pas voir traîner dans la boue.

C'est ensuite au tour de Diana d'être convoquée par Sa Majesté lors d'un dîner à deux dans sa salle à manger privée aux murs vert pâle et or, située au premier étage de l'aile droite de Buckingham Palace. Les toiles de maîtres et le mobilier victorien écrasent de leur masse les deux femmes. La reine mange lentement et silencieusement. Diana est nerveuse. Elle ne s'est jamais sentie à l'aise en compagnie de sa belle-mère. Elle est à des années-lumière de la reine dont elle n'a jamais su déchiffrer le langage codé et la façon de penser. Dans la bouche de la reine, « êtes-vous sûr ? » est un refus définitif ; « en quoi cela peut-il vous aider ? » signifie « vous dites n'importe quoi ». Quand son interlocuteur s'éternise, elle le regarde sans expression pour lui signifier le déplaisir royal.

Avec sa bru, Elizabeth tente cependant de faire fondre la glace en s'enquérant de ses petits-enfants, William et

Harry. Puis, sans transition, la souveraine fixe la princesse de son regard inexpressif de batracien et plonge au cœur du problème :

– Ma chère enfant, il faut sauver votre mariage. Mon fils est prêt à tenter un nouveau départ.

– Je suis d'accord, à condition qu'il cesse de voir Camilla.

– Pourquoi êtes-vous si préoccupée par Camilla ? Les hommes ont certains besoins à satisfaire. Camilla est mariée et heureuse en ménage. Elle ne constitue pas un danger. Essayez de l'oublier.

Diana comprend qu'on lui propose un marché de dupes. Entre Charles et Diana, la reine a choisi son fils. Et il en sera toujours ainsi chez les Windsor.

Elle décide de sauvegarder momentanément les apparences. Non pour sauver son couple, qu'elle sait définitivement condamné, mais pour gagner du temps. Il lui faut maintenant s'inventer son propre destin.

Sa première tâche ? Humilier sa rivale. Diana accompagne son mari au quarantième anniversaire d'Annabel Elliot, la sœur de Camilla. La réception est offerte par le magnat Sir James Goldsmith, ex-propriétaire de l'hebdomadaire français *L'Express*, dans sa demeure de Ham, dans la banlieue de Londres. Camilla fait bien sûr partie des invités. Informés des bisbilles du couple princier, les hôtes étaient persuadés que Diana déclinerait poliment l'invitation envoyée au nom du prince et de la princesse de Galles. Mais Diana, qui porte un décolleté glamour, est ravissante. Charles s'esquive. Diana le suit à distance. Dans la nursery située au sous-sol, elle découvre son époux et Camilla enlacés. « Dégage », dit-elle à son mari qui lui obéit sur-le-champ. Comme si de rien n'était, elle s'assied sur le même canapé que Camilla. Sourire aux lèvres, elle parle suffisamment fort pour être entendue des autres invités : « Je sais exactement ce qui se passe entre vous. Je suis navrée d'être un obstacle. Ce doit être l'enfer pour vous deux. » Prise au dépourvu, Camilla se lève sans un mot et quitte la réception. D'abord hésitant, le prince Charles la rejoint. Diana retourne dans le grand salon pour goûter jusqu'à la lie l'humiliation infligée à son ennemie. Elle ne quittera la party qu'au petit matin. « Il s'agit de l'un des plus grands moments de ma vie », dira-t-elle par la suite au journaliste Andrew Morton.

Et les choses vont de mal en pis pour Camilla. Pour la première fois depuis la reprise de sa liaison avec le prince Charles, son mari Andrew montre des signes de lassitude.

Andrew Parker Bowles est général d'armée, en charge du corps vétérinaire, l'un des postes les plus prestigieux pour un militaire de carrière dans une nation qui adore les animaux, et plus particulièrement les chevaux. La relation de son épouse avec le prince n'a pas nui, au contraire, à son joli parcours professionnel. Il est aussi *Stick* d'argent de Sa Majesté, fonction honorifique lui permettant d'escorter la reine lors des grandes occasions, comme l'ouverture du Parlement. Il partage son temps entre la caserne et le White's Club, le club de gentlemen le plus sélect de la capitale, refuge de l'aristocratie... dont fait également partie le prince Charles. Il s'est longtemps accommodé de l'aventure de Camilla avec le prince. Lui-même a de nombreuses maîtresses. Les Parker Bowles font chambre à part, sans que l'aigreur ait envahi le couple. Ils continuent de bien s'entendre et maintiennent autour de leurs deux enfants une vie de famille sereine.

Toutefois le statut de cocu consentant d'Andrew commence à lui peser. Le général du corps vétérinaire apparaît de plus en plus comme un personnage de vaudeville. Il est conscient du mépris de ses collègues. Pour ne pas avoir affronté le prince Charles, il a brisé le premier commandement du code militaire : jamais de liaison sentimentale entre un officier et l'épouse d'un collègue.

Lorsque la reine, soucieuse de diplomatie, invite le mari bafoué à l'accompagner dans la tribune royale de l'hippodrome d'Ascot, un aristocrate éméché l'interpelle : « Hé ! Ernest Simpson ! » Allusion peu amène au mari de Wallis Simpson, la duchesse de Windsor, symbole des maris trompés. Quelques mois plus tard, au White's Club, Lord Soames, dernier gouverneur de Rhodésie sous lequel Andrew avait servi en 1979 lors de l'indépendance de l'ex-colonie de la Couronne, lance à la cantonade en sa présence : « Ce n'est pas un comportement de gentleman. » En quittant le club, Andrew entend un autre de ses membres déclarer à son sujet :

114

« Voilà l'homme le plus galant du pays. Il est tellement loyal qu'il est prêt à sacrifier sa femme dans l'intérêt supérieur du royaume. » Jusque-là indifférent, le mari bafoué décide que les choses ne peuvent plus continuer.

Le 28 juin 1990, Charles fait une grave chute lors d'une partie de polo. Son bras droit est cassé à deux endroits. Camilla passe plusieurs jours à son chevet à l'hôpital de Nottingham. Sur ordre du palais, Diana vient le chercher. Après avoir posé en sa compagnie pour les photographes, il la renvoie sans ménagement.

Pendant sa longue convalescence à Balmoral, Camilla est à ses côtés. Elle lui fait la lecture, l'aide à faire sa rééducation et coupe ses aliments. Ils parlent longuement, écoutent de la musique, évoquent l'avenir. Allongé, souffrant le martyre, il a eu tout le temps de réfléchir à son sort. La douleur et son désastre conjugal le dépriment. Les révélations salaces contre espèces sonnantes d'un garde du corps, Andy Jacques, à un tabloïd américain, accentuent sa mélancolie : « Les rideaux du salon de Highgrove étaient mal tirés, ce qui m'a permis d'observer la scène par la fente. J'ai vu Charles et Camilla danser joue contre joue puis s'asseoir sur le divan, s'embrasser, enfin disparaître derrière le sofa pendant quelques minutes. Je pouvais distinguer le visage du prince, Camilla était cachée, visiblement à genoux devant lui. Quand ils sont réapparus, le prince ajustait son pantalon et elle sa robe. À l'évidence, ils avaient consommé un acte sexuel », révèle le policier vénal.

Pour Charles, la coupe est pleine. Sa décision est prise. Il va se séparer de Diana. Il en informe Elizabeth II et le Premier ministre, John Major.

Quand celui-ci arrive pour son audience hebdomadaire du mardi dans le bureau de la reine, il a du mal à cacher son anxiété. Le Premier ministre salue la souveraine avec une légère inclinaison de la tête. Il est tout auréolé de sa victoire surprise sur les travaillistes aux élections de juin 1992. La souveraine sort de son sac une feuille de papier contenant les sujets qu'elle entend évoquer : la guerre du Golfe, la récession et la sortie de la livre du système monétaire européen, la difficile ratification parlementaire du traité de Maastricht, prévue l'an prochain.

Le Premier ministre répond distraitement puis se jette à l'eau : « Votre Majesté, j'aimerais aborder la détérioration du mariage du prince et de la princesse de Galles. La situation est inquiétante. » Son interlocutrice se raidit. Le déballage dans la presse compromet la politique gouvernementale de retour aux « valeurs fondamentales, familiales et morales » déjà mise à mal par une accumulation d'affaires de mœurs touchant des membres du parti conservateur au pouvoir.

Le Premier ministre a un autre motif de vouloir crever l'abcès : l'émotion suscitée par cette séparation lui permettrait de mieux cacher sa relation extraconjugale de quatre ans dans les années quatre-vingt, alors qu'il était ministre, avec la secrétaire d'État à la Santé, Edwina Currie. La reine a toujours entretenu des rapports harmonieux avec celui qui a succédé à Mrs Thatcher, en

1990. Un homme affable, courtois, discret. Elle a même fait semblant de s'intéresser au cricket, la grande passion de son Premier ministre.

L'idée d'une séparation heurte les convictions religieuses les plus profondes d'Elizabeth II. Cette dernière ne veut pas en entendre parler. Elle en informe le chef du gouvernement.

Pour tenter de sauver les apparences, la souveraine contraint alors Diana à accompagner son mari et ses deux fils lors d'une croisière en Méditerranée, présentée par Buckingham Palace comme une « seconde lune de miel ». Diana dispose d'une cabine à part et refuse de se joindre aux autres passagers lors des repas. Les chuchotements au téléphone de Charles en contact constant avec sa dulcinée lui sont insupportables. « Quel culot cette femme... »

Toujours sur ordre de la reine, le couple princier effectue une visite officielle en Corée du Sud. Cette fois, la distance entre les époux est évidente. La princesse détourne délibérément la tête lorsque le futur roi veut l'embrasser et refuse de lui prendre la main. Surnommés les « lugubres » par les tabloïds, les époux s'ignorent en public. Ce fiasco, sous le regard des médias du monde entier, scelle la fin d'un mariage de onze ans. Ils ont tiré le rideau.

Le 3 novembre 1992, pour la dernière fois, les acteurs de cette tragédie se retrouvent dans un même lieu, l'abbaye de Westminster, à l'occasion du cinquantième anniversaire de la victoire d'El-Alamein, en 1942. Bruce Shand, le père de Camilla, a pris place au premier rang. Il avait participé à la bataille du désert avant d'être fait prisonnier. Sa fille aînée, Camilla, l'accompagne. La reine est représentée par le prince et la princesse de Galles.

Camilla est nerveuse. Pâle, elle paraît effacée dans un ensemble bleu marine sans élégance. Diana est très belle dans son tailleur gris et sa jupe blanche, un ensemble spécialement conçu pour l'événement par la couturière Catherine Walker. Charles, qui tient Diana par le bras, esquisse un large sourire à sa maîtresse. Diana, ostensiblement, regarde dans une autre direction. Les deux femmes s'ignorent. À l'issue du service, la princesse s'attarde pour bavarder avec des anciens combattants afin de ne pas avoir à passer devant la maîtresse de son époux. Le lendemain, la manchette du *Sun* proclame : « Camilla ruine la journée du souvenir, une occasion unique de voir le prince et la princesse ensemble. » Le *Daily Mail* évoque la « figure funèbre de Camilla Parker Bowles ».

La reine est bien obligée de reconnaître que la séparation est inévitable. John Major demande au secrétaire général du gouvernement d'examiner les retombées constitutionnelles d'une telle décision.

La crise est ouverte.

CHAPITRE 9

Camillagate

En quelques mois, une rupture sentimentale s'est transformée en affaire d'État. Le 9 décembre 1992, devant une Chambre des communes visiblement consternée, le Premier ministre John Major annonce officiellement la séparation du prince et de la princesse de Galles. « Leur statut constitutionnel n'en est pas affecté », ajoute le chef du gouvernement conservateur qui indique, par ailleurs, que le couple n'a pas l'intention de divorcer. Cette séparation ne modifie pas l'ordre de succession au trône, et rien n'empêcherait, selon le locataire du 10 Downing Street, la princesse Diana d'être couronnée en temps voulu. La crise constitutionnelle redoutée a été évitée. C'est évidemment faux. Imaginons que la reine décède dix, quinze ou vingt ans après la séparation. Le couronnement de ce couple séparé depuis des années serait surréaliste.

Les caméras de télévision fixent le discours historique de John Major en direct. Le royaume en a le souffle coupé. Middlewick House, le manoir de Camilla, est assiégé par les médias déchaînés contre la « briseuse du ménage ». Elle se réfugie à Highgrove où elle bénéficie d'une protection policière.

Dans les salons chic comme dans les pubs populaires, le diagnostic est unanime : c'est bien d'une profonde fêlure dans l'institution monarchique qu'il s'agit. Le temps permettra d'en sonder la gravité.

D'autant plus que, simultanément à l'officialisation de la séparation, un journaliste, Andrew Morton, publie un livre très bien informé sur la crise du mariage princier. On y apprend que, désespérée par une union sans amour (« le jour de mon mariage, j'étais un agneau qu'on mène à l'abattoir »), la princesse de Galles a tenté de se suicider cinq fois au début des années quatre-vingt. Moins pour mettre fin à ses jours que pour essayer d'attirer l'attention de son époux distant. La famille royale est accusée de froideur et de manque de sensibilité. Et pour la première fois, Morton lève pour le grand public le voile sur la relation secrète entre le prince Charles et Camilla Parker Bowles, « qui a toujours été là ».

Comment Morton a-t-il été informé ? Pour Buckingham Palace, pas de doute, ces fuites ne peuvent venir que de Diana, la traîtresse, qui a déballé son linge sale en public ! Consterné par la lecture des bonnes feuilles dans le *Sunday Times*, le prince bannit tous les journaux de Highgrove et refuse d'écouter la radio : « La dernière chose dont j'aie envie, c'est de me lever le matin et de lire ce que ma cinglée de femme a encore fabriqué. » Porte-drapeau de la monarchie, le *Daily Telegraph* dénonce « un déluge d'immondices et une salade d'inventions, dénuées de toute révélation sérieuse ». Secoués par la trahison de la princesse, les Windsor boycottent Diana à qui personne n'adresse plus la parole quand elle accompagne la famille régnante à l'hippodrome d'Ascot. Ils prennent fait et cause pour Camilla. La reine invite même la maîtresse de son fils à assister à un match de polo à Windsor, là même où les deux amants s'étaient rencontrés il y a plus de vingt ans.

Camilla pousse la provocation en s'habillant pour l'occasion avec un tailleur prince de galles. Le message est clair : elle appartient désormais au clan royal.

Déjà ébranlée par le livre de Morton, l'image de Diana est davantage salie par la publication d'une de ses conversations, enregistrée par des radio-amateurs, avec James Gilbey, un vendeur de voitures anciennes, héritier de la dynastie du gin. Le scandale est baptisé Squidgygate car, dans la conversation, Gilbey appelle sa bien-aimée *squidgy* (moelleux) à cinquante-trois reprises !

Les propos ne laissent aucun doute sur la nature de leurs rapports :

– Et alors, ma chérie, quelles autres misères t'a-t-il faites aujourd'hui ?

– J'étais très mal au déjeuner et j'ai failli me mettre à pleurer…. Je me disais : Merde, tout ce que j'ai dû faire pour cette foutue famille.

– Je suis jaloux en voyant toutes ces photos de toi.
– Je ne veux pas tomber enceinte.
– Ma chérie, ça n'arrivera pas. D'accord ?
– Ouais.
– Ne t'inquiète pas. Ça n'arrivera pas.

Le *Sun* consacre pas moins de six pages à l'événement. Le journal met en place une ligne téléphonique spéciale permettant d'entendre vingt-trois minutes de conversation. « Vous êtes en ligne avec l'enregistrement sensationnel du Dianagate, dont tout le monde parle... Écoutez la conversation, et jugez vous-mêmes. » Le passage dans lequel Gilbey évoque son constant besoin de se masturber est toutefois supprimé. Le retentissement est énorme. Le service de presse du palais commence par crier au faux, avant d'estimer qu'il est difficile de se prononcer.

Diana aurait souhaité un divorce plutôt qu'une séparation. Après tout, les princesses Margaret et Anne, ainsi que le prince Andrew ont bien divorcé. Pourquoi devrait-elle renoncer à la possibilité d'une nouvelle vie au grand jour ? Parce que Charles est le futur roi, gouverneur suprême de l'Église anglicane, et que la reine ne le tolérerait pas. Tout simplement.

De plus, si elle demande le divorce, elle pourrait perdre la garde de ses enfants, deuxième et troisième dans l'ordre de succession, qui doivent parfaire leur éducation à la Cour. L'image de sa propre mère se voyant retirer ses quatre enfants au profit du comte Spencer la terrorise. Un arrangement est conclu avec le palais. Diana garde l'usufruit de Kensington Palace. Charles s'installe définitivement au palais de St. James et surtout conserve sa résidence de Highgrove.

Diana, marginalisée, reconnaît que sa coopération avec Andrew Morton a été une erreur : « J'ai fait quelque chose de vraiment stupide. Je pensais que c'était une bonne idée, une façon de tirer les choses au clair, mais maintenant, je pense que c'était une connerie, qui va provoquer des problèmes terribles. J'aimerais rembobiner le film. Je n'ai rien fait d'aussi idiot de ma vie. »

Charles peut vivre discrètement avec Camilla. Pour ne pas laisser subsister la moindre trace de la présence de Diana, le prince demande à sa maîtresse de redécorer complètement sa demeure de campagne. Le style rustique, plus masculin, plus en accord avec les goûts du futur roi, remplace la touche chintz fleurie, chère à l'ancienne maîtresse de maison. Camilla met à la poubelle la ménagerie de peluches, de bibelots et le bric-à-brac appartenant à la princesse. Elle en profite pour supprimer les abonnements aux titres de presse favorables à sa rivale, en particulier le *Daily Mail* qu'elle abhorre. Camilla ne prononce jamais le nom de Diana. Les rares fois où elle se met en colère, elle use de l'autodérision : « Le Rottweiler vous présente ses excuses pour avoir montré ses dents. »

Charles et Camilla pensaient que le plus dur était derrière eux. C'était sans compter avec la bombe qui est sur le point d'exploser. Le 13 janvier 1993, en visite officielle en Écosse, le prince Charles est brutalement réveillé par un coup de téléphone. C'est le secrétaire privé de la reine, Robert Fellowes. Habituellement très flegmatique, Fellowes bégaye d'indignation en annonçant au prince la terrible nouvelle : le *Sun* a publié l'enregistrement, également piraté par un radio-amateur, d'une conversation entre lui et Camilla.

Charles comprend immédiatement : c'est un véritable désastre. Il était en effet au courant de l'existence de cet enregistrement d'une conversation terriblement intime avec sa maîtresse remontant au 18 décembre 1989. Il savait que le *Sun* et le *Daily Mirror* en possédaient une copie. D'un commun accord, chose rare au pays des tabloïds trash, les deux quotidiens populaires s'étaient entendus entre eux pour ne pas publier le document afin de protéger William et Harry. Charles avait de son côté renoncé à les poursuivre préventivement en justice pour protéger l'honneur de Camilla qui aurait risqué d'être appelée à la barre comme témoin.

À Londres, l'incendie avait été maîtrisé. Pas à Sydney où un magazine féminin à grand tirage, *New Idea*, s'est procuré l'enregistrement de six minutes. Le journal annonce la publication du scoop dans son prochain numéro. Le *Sun* ne veut pas perdre cette fabuleuse primeur mondiale et grille le *Mirror* en dégoupillant la grenade.

Morceaux choisis de ce que les sujets de Sa Gracieuse Majesté ont pu lire au petit déjeuner, ce 13 janvier 1993 :

Camilla : Hum… Vous êtes très bon pour exprimer ce que vous ressentez.

Charles : Oh, arrêtez ! J'exprime ce que je ressens sur votre corps, en haut, en bas, à l'intérieur, à l'extérieur.

Camilla : Oh, Charles, particulièrement à l'intérieur et à l'extérieur ! J'en ai envie.

Charles : Vraiment ?

Camilla : Je sais que ça me ferait du bien. Je ne peux pas imaginer un dimanche soir sans vous.

Charles : Et moi, alors ? J'ai besoin de vous, plusieurs fois par semaine, tout le temps.

Camilla : Mmm. Moi aussi. J'ai envie de vous toute la semaine, tout le temps.

Charles : Oh, mon Dieu ! Je voudrais vivre dans vos dessous. Ce serait tellement plus simple.

Camilla (rire) : En quoi allez-vous vous métamorphoser ? En petite culotte ? (Tous deux se mettent à rire.) Oui, oui, une petite culotte.

Charles : Non, Dieu me pardonne, en Tampax. (Rires.)

Camilla : Vous êtes complètement fou. (Rires.) Oh, quelle merveilleuse idée !

Charles : Cela veut dire que vous me jetteriez dans les toilettes et que je tourbillonnerais à la surface sans jamais disparaître.

Camilla : Ou peut-être pourriez-vous revenir sous forme de boîte ?

Charles : Boîte de quoi ?

Camilla : Une boîte de Tampax.

Il faut à tout prix qu'il alerte Camilla. Elle est déjà au courant. À l'aube, un journaliste du *Sun* a sonné à sa porte pour avoir son commentaire à chaud. En robe de chambre, elle lui a claqué la porte au nez. Ce qui leur arrive est incroyable. Pourtant sa première pensée ne va pas à Charles mais à son mari.

Charles réfléchit. Il se souvient très bien de ce dimanche soir de décembre 1989. Il revit la scène. Il avait passé le week-end à Eaton Lodge, chez la duchesse douairière de Westminster, près de Chester. Avant de se coucher, allongé sur son lit en robe de chambre, il appela Camilla chez elle, dans le Wiltshire. Charles avait pensé à sa maîtresse tout au long de ce week-end de mondanités ennuyeuses. Dès qu'il entendit le son de sa voix, il fut transporté auprès d'elle. Rarement comme ce soir-là les amants s'étaient sentis aussi proches malgré la distance. Comme des adolescents amoureux, ils se sont pris au jeu des confessions érotiques.

Le prince sort de son songe. C'est le début de son calvaire. Lors du petit déjeuner, il évite le regard des serviteurs et de son écuyer. Comme toujours quand il est nerveux, Charles joue avec ses boutons de manchettes et sa chevalière à large chaton plat qu'il porte à l'auriculaire droit. Il espère que cette tempête sera de courte durée. Il pense que l'effet va être atténué par le souvenir de la conversation amoureuse entre Diana et James Gilbey, également piratée et publiée dans la presse.

Il a tort.

L'opinion est en état de choc. Le futur roi a l'air d'un imbécile ou, pire, d'un maniaque sexuel. Il est visiblement sous l'emprise d'une femme dominatrice. Jamais la monarchie n'est apparue ainsi au fil des siècles.

Le *Sun,* comme à son habitude, donne le ton : « Charles a appuyé sur le bouton de la bombe atomique. Ces enregistrements pourraient lui coûter le trône. » Le Premier ministre, John Major, recherche l'apaisement en faisant appel au « temps qui cicatrise ». Les prélats de l'Église anglicane ne décolèrent pas. L'armée est en émoi : Charles est colonel en chef de sept régiments.

Camilla choisit le silence. Alors que son nom est traîné dans la boue, elle se tait. Elle affronte cette épreuve comme le marin une forte tempête : on ferme les écoutilles, on rentre la voile et on se cloître au fond du bateau en attendant que le danger passe. Elle peut compter sur le soutien indéfectible des êtres qui lui sont les plus chers, sa sœur Annabel et son beau-frère, Simon, ses parents... et son mari.

Car, loin de l'accabler, Andrew la réconforte. Il pousse la courtoisie jusqu'à appeler Charles pour l'assurer de son amitié. Les Parker Bowles affrontent ensemble l'adversité en participant tous les deux à un pique-nique au collège d'Eton où leur fils, Tom, est en terminale. L'adolescent a le moral au plus bas. Il est victime de quolibets incessants de la part de ses condisciples qui traitent cruellement sa mère de « pute ». Les parents présents à la fête regardent la famille Parker Bowles comme des bêtes de cirque. Et les mille politesses qui leur sont prodiguées ont la saveur amère du cyanure.

L'homme de la rue n'a pas ces délicatesses. Depuis le début du Camillagate, la maîtresse de Charles sort peu de chez elle. Les rares fois où elle s'aventure en ville, les gens la regardent avec mépris. La presse populaire raconte que des clientes lui ont lancé des brioches et des petits pains au parking du supermarché Sainsbury de Chippenham. Vraie ou fausse, l'anecdote résume l'état d'esprit de l'opinion publique. Barricadée dans sa maison, elle fume cigarette sur cigarette. Elle se réfugie dans la lecture. Elle dévore les romans de son amie Jill Cooper qui ont pour cadre le milieu hippique. Elle enchaîne les best-sellers de Catherine Cookson sur les malheurs du pauvre monde. Humiliée, mise au ban de l'Angleterre bien-pensante, elle, la grande bourgeoise déchue, manifeste de l'empathie envers les pauvres et les SDF, les orphelins et les handicapés, les femmes battues et les filles trompées, qu'on retrouve dans l'œuvre de sa romancière favorite. « Ce fut la pire période de ma vie », reconnaît-elle encore aujourd'hui en se souvenant de sa solitude.

Si Camilla chancelle, Charles, lui, coule à pic. Il rejoint la famille royale à Sandrigham, dans le Norfolk, dans l'est de l'Angleterre. La souveraine passe traditionnellement les fêtes de Noël dans cette demeure du XIXe siècle, un peu ennuyeuse, qui lui appartient à titre personnel. L'atmosphère est lourde. La reine le fuit en se réfugiant dans ses puzzles et la lecture du magazine *Country Life*. Le duc d'Édimbourg le sermonne. Au cours d'un repas, il lui lance : « Ce n'est pas le fait que vous baisiez cette femme depuis des années qui m'ennuie, c'est que vous ayez été découvert. » Sa sœur et

128

ses deux frères sont aux abonnés absents. Entre eux, les serviteurs le ridiculisent, appellent le futur roi « Charlie Tampax ». Seule la reine mère montre de la compassion envers son petit-fils dont elle a toujours été proche. Aux yeux de la vieille dame, il faut à tout prix éviter une réédition de l'abdication d'Edward VIII, en 1936, qui faillit emporter la monarchie. Elle lui rappelle sans cesse son devoir. Son seul soutien est Camilla. Ils se téléphonent plusieurs fois par jour pendant des heures. Elle lui remonte le moral sans jamais se plaindre sur son sort.

Il y a péril en la demeure. Charles a mauvaise mine. Il est pâle, a les yeux cernés, est constamment épuisé. Muré dans son silence, il traverse le sinistre château comme un somnambule, tel un déraciné venu de nulle part. Charles est en pleine dépression. Il pense sérieusement à tout lâcher, renoncer au titre de prince de Galles en faveur de son fils William, et s'enfuir en Italie avec Camilla. Le médecin de la Cour lui prescrit des antidépresseurs. À son secrétaire particulier, il pose la même question lancinante qui le mine : « Mais comment en est-on arrivés là ? » Question sans réponse.

Charles se sent persécuté. Il écrit au directeur du Prince's Trust, l'association d'aide aux jeunes déshérités qu'il a créée : « On cherche à me détruire. » Et, pour couronner le tout, le ministre de l'Intérieur, Kenneth Clarke, refuse d'ouvrir une enquête sur l'origine des enregistrements du Camillagate. Le gouvernement redoute qu'une telle investigation officielle n'éclabousse la réputation des services secrets sans doute mêlés aux écoutes.

Une visite accentue le désespoir princier. Bruce Shand, le père de Camilla, lui a demandé un rendez-vous. Le prince le reçoit dans son bureau. Le vieil homme refuse de lui serrer la main. Il reste debout appuyé sur sa canne. L'ancien officier est hors de lui :

– La vie de ma fille aînée est ruinée. Ma femme qui, comme vous le savez, est invalide est ravagée par le scandale. Le nom de notre famille est traîné dans la boue et ridiculisé.

Le prince, tête baissée, ne dit mot. À l'exception de Diana, personne ne lui a jamais parlé sur ce ton. Bruce Shand le regarde droit dans les yeux :

– Dans l'intérêt de ma famille, dans l'intérêt de votre famille, dans l'intérêt du pays, vous devez cesser de voir ma fille. Je vous en supplie, mettez un terme à cette absurdité.

– Je vais y réfléchir.

– Je ne vous demande pas d'y réfléchir. Vous devez couper tout lien avec ma fille. Il en va de votre honneur.

Le palais est, lui aussi, atterré. Cette sombre affaire met en péril l'opération de reconquête de l'opinion lancée après l'*annus horribilis* de 1992. Dans le cadre de cette campagne, la reine a accepté de payer des impôts, a ouvert Buckingham Palace au public pendant l'été, a payé de sa poche la reconstruction du château de Windsor détruit par un incendie. Tous ses efforts sont vains au regard des nouveaux dégâts causés par l'ampleur du scandale. La souveraine décide que Charles doit rompre avec Camilla. Comme Elizabeth II n'a pas le courage d'affronter directement son fils, elle confie cette tâche à l'incontournable Robert Fellowes.

Ce dernier profite d'une réunion destinée à fixer les derniers détails de la prochaine visite du prince en Australie pour le mettre au pied du mur. Le secrétaire privé de la reine n'y va pas par quatre chemins. Délaissant l'ordre du jour, il interpelle le futur monarque :

– Sir, voulez-vous régner un jour ?

Charles croit à une plaisanterie et trouve la question saugrenue :

– Bien sûr.

– Dans ce cas, il faut choisir entre le trône et Camilla.

Le prince accuse le coup. Fellowes, dans la foulée, lui rappelle la célèbre admonestation du plus proche conseiller d'Edward VIII lors de la crise d'abdication en 1936 : « Sire, vous pouvez avoir le trône ou vous pouvez avoir la femme. Vous ne pouvez pas avoir les deux. »

Pendant ce temps, dans le Wiltshire, Camilla ignore que le palais complote pour l'éloigner définitivement. Voilà que ses coups de fil sur la ligne spéciale du prince à Highgrove, dont elle est la seule à posséder le numéro, passent par le standard de Buckingham Palace. À chaque fois, la secrétaire lui répond poliment : « Son Altesse Royale n'est pas libre pour l'instant. » Elle a compris.

Charles a sacrifié l'amour sur l'autel du devoir. Il l'a chassée de sa vie.

Le 25 décembre 1993, le prince trouve suffisamment de courage pour affronter Camilla. Leur amour est impossible. Sa décision est irrévocable. Pas une plainte : Camilla accepte la raison d'État. Elle a même les mots pour réconforter l'homme qui la quitte. Comme a écrit Shakespeare dans *Troïlus et Cressida*, « les chagrins sont le sang d'un noble cœur ». Camilla est un personnage shakespearien.

Reste que le prince ne peut plus se passer de sa dulcinée. Trois mois après la rupture, Charles et Camilla se revoient. Si les conditions de ces retrouvailles restent mystérieuses, il est évident que cette courte séparation a attisé leur amour. Ils sont redevenus inséparables.

La reine ignore tout de ce raccommodage. Après la rupture officielle de Charles et de Diana, le monarque a ordonné à son personnel de traiter sa belle-fille avec prévenance : « N'oubliez jamais qu'elle est la mère du futur roi. » La souveraine a maintenu le secrétariat dévolu à la princesse. Celle-ci conserve un service de presse et peut compter sur l'aide du Foreign Office à l'étranger. Son nom continue de figurer dans l'Almanach de la Cour publié quotidiennement dans le *Times* et le *Daily Telegraph*. Elle est toujours princesse royale.

Mais Diana ne veut plus entendre parler de la Cour. En décembre 1993, la rebelle tire sa révérence en annonçant son retrait de toute vie publique. Elle n'en fait qu'à sa tête. Et cela s'étale à la une de la presse.

Le major Hewitt, officier des gardes sans honneur, publie *Princess in Love*. Il confirme qu'il a été l'amant de la princesse de Galles quand elle vivait encore avec son mari. C'est un énorme succès de librairie. D'autant que le jeune officier lié à la monarchie affirme que Charles a donné son accord à cette relation. Dans l'esprit du prince, cette liaison devait satisfaire sexuellement son épouse délaissée. « Il s'agissait d'une entente tacite entre Diana et Charles. Je faisais partie de la vie de Diana de la même façon que Mrs Parker Bowles faisait partie de celle de Charles », affirme Hewitt.

Pour ne rien arranger, voilà qu'Andrew Morton, déjà auteur de *Diana, sa vraie histoire*, prépare un autre best-seller consacré à la princesse de Galles depuis sa séparation. Ces deux livres ont un point commun : ils dressent un portrait peu flatteur de Charles.

Le futur monarque doit réagir. Il a choisi de se confier à Jonathan Dimbleby, star de la chaîne commerciale ITV, à l'occasion de la célébration du vingt-cinquième anniversaire de son investiture comme prince de Galles. La longue interview est restée dans les annales de la télévision. Sur les cent cinquante minutes de l'entretien, cinq seulement sont consacrées à la vie privée du prince. Il affirme avoir été un mari fidèle et loyal jusqu'au moment où le mariage a été irrémédiablement condamné. Évoquant Camilla Parker Bowles, le prince reconnaît que c'est une « grande amie de longue date ».

Le lendemain, les réactions de la presse sont négatives. Les ficelles de Charles pour tenter de restaurer son image sont un peu grosses. Malgré tout, le public approuve sa franchise dans un pays où un mariage sur trois se termine en divorce. Selon le sondage réalisé après l'émission, 61 % des personnes interrogées sont convaincues qu'il fera un bon roi. Dans ses Mémoires, le célèbre journaliste du *Telegraph*, Lord Deedes, dénonce « un acte égoïste et à tout point de vue contraire à ce que nous pouvons attendre d'un héritier du trône. On ne peut pas critiquer le fait qu'un homme malheureux dans son mariage aille chercher son réconfort ailleurs. Ouvrir sa porte au public pour lui faire découvrir son malheur conjugal, c'est autre chose. C'est un acte d'autocomplaisance qui ne sert pas les intérêts de la Couronne. Contrairement à ce que pense le prince, il n'est pas au bout de ses tourments ». C'est bien vu...

Camilla a joué un rôle clé dans sa prestation chez Dimbleby. C'est elle qui l'a encouragé à ne rien cacher de leur liaison passée. Elle l'a même aidé à rédiger certaines réponses « sensibles » les concernant. Le jour de la diffusion, Camilla a quitté le pays dans le plus grand secret pour l'Espagne où le marquis de Douro, l'un des plus vieux amis de Charles, l'héberge. Le prince l'appelle quotidiennement.

Le 14 juillet 1994, Rosalind Shand, qui souffrait d'ostéoporose, meurt. Le décès de sa mère affecte beaucoup Camilla. À quarante-six ans, elle est au bout du rouleau psychologiquement et épuisée physiquement. Elle fait plus que son âge. La publication de la biographie autorisée du prince dans la foulée de son entretien télévisé fait craindre le pire. Le futur roi s'y plaint d'une éducation répressive, du manque de tendresse de sa mère, de la cruauté de son père et de la pression de l'opinion qui l'a obligé à épouser Diana sans amour. Camilla estime qu'il n'aurait jamais dû dévoiler les turpitudes des Windsor en public. Plus grave, le livre est truffé de détails scabreux sur leur aventure. « Je n'éprouve pas beaucoup de sympathie pour le prince en ce moment. La pauvre Camilla a été jetée en pâture aux médias. Son action n'est pas une bonne chose. C'est blessant », s'exclame Simon Parker Bowles, le beau-frère de Camilla.

Andrew Parker Bowles est dégoûté. Il se sent trahi par le prince qui a étalé les secrets de son mariage. Après vingt et un ans de vie commune, il demande le divorce : « J'en ai marre de ce foutu pétrin. Il est temps de tourner la page. » Cela fait une décennie qu'il ne vit plus avec Camilla. Et, après tant d'années de bons et loyaux services, il prend sa retraite de l'armée. Son travail administratif à la tête du corps vétérinaire, obtenu par piston puisqu'il était dépourvu des diplômes médicaux nécessaires, l'ennuie profondément. Il est encore jeune et veut refaire sa vie à l'abri des caméras. Il a tout pour lui : un physique de séducteur, le prestige d'un officier des grenadiers royaux, l'allure altière du cavalier habitué des châteaux. Son fils Tom, étudiant à Oxford, et sa fille Laura sont suffisamment grands pour accepter cette rupture. La décision « par consentement mutuel » est annoncée le 10 janvier 1995.

Ce divorce se fait sans déballage dans les médias. Une sobriété qui vaut à Camilla l'hommage de Lord Deedes, le grand journaliste de droite très au fait de ce qui se passe dans la haute société : « Dans cette affaire sordide, elle apparaît comme le seul gentleman. Pas la moindre indiscrétion de sa part. Ses mains sont propres dans ce marché pourri de révélations royales et de contrats d'édition lucratifs.... »

Charles est enchanté. Le voilà débarrassé d'Andrew Parker Bowles même si ce dernier n'a jamais été un obstacle à son histoire d'amour. Camilla est libre. Elle peut planifier l'avenir. Comme il sied dans son milieu, elle conserve néanmoins le nom de son époux au lieu de reprendre son nom de jeune fille.

Middlewick House est vendue au batteur des Pink Floyd, Nick Mason. Les ex-époux se partagent l'argent. Camilla achète Ray Mill House, demeure de style Regency, nichée à seulement trente kilomètres de Highgrove. Une longue allée privée tient les indésirables à distance. Le jardin est isolé des regards par des murets. Elle emménage avec ses deux jack russel, Freddy et Tosca. Charles paie son déménagement et fait installer un système de sécurité. Son cheval favori, Molly, est hébergé dans les écuries de Highgrove. Charles offre à Camilla une commode Louis XIV et un cadre en argent contenant une photo en noir et blanc de son père, Bruce Shand, un signe de réconciliation depuis leur dernière rencontre houleuse. Ils pendent la crémaillère d'une façon on ne peut plus anglaise... avec gin and tonic.

En cette année 1995, Camilla est libre d'aimer Charles. Elle irradie de bonheur.

Pour combien de temps ?

CHAPITRE 10

Scandales

Charles est apaisé. Enfin. Diana est un électron libre.
Marginalisée, isolée, seule, les enfants en pension, elle
remâche son amertume envers la famille royale qu'elle
qualifie de « bande de lépreux ». La princesse affecte en
public la plus parfaite indifférence à l'égard de sa rivale.
Ce n'est qu'une façade. Elle se précipite sur la presse
populaire, lit tous les potins sur Camilla et prépare en
douce sa revanche. Elle consulte des astrologues et leur
demande de tracer le ciel de son ennemie, cancer comme
elle. Lors d'une récente visite à Highgrove pour raccom-
pagner Harry et William, elle a découvert une photo
prise à Birkhall, la résidence écossaise de la reine mère.
Le cliché montre Charles et Camilla avec, en arrière-plan,
William jouant avec un petit chien. Toute sa rancœur
éclate : « Cette femme joue à la belle-mère, ça, jamais ! »
    Cette paranoïa est alimentée par la traque impitoyable
des paparazzi. Les déchirements du ménage à trois sont
un feuilleton croustillant et vendeur. Reporters et photographes de la presse populaire vont de plus en plus
loin dans la course au scoop, créant une énorme pression

autour du trio. Le *Rat Pack* (la « bande de rats »), ainsi que se sont eux-mêmes surnommés journalistes et photographes poursuivant les célébrités, est prêt à tout pour se procurer des informations exclusives.

Pour ce job, il faut de la patience et de la persévérance. Les membres de la famille royale ont leurs habitudes, mais il ne suffit pas de connaître leurs restaurants, leurs clubs favoris ou les amis qu'ils fréquentent : il faut aussi du flair.

Un faux air de Bill Wyman et un sourire de prédateur, Jason Fraser est l'un des plus célèbres paparazzi de la planète. Il appartient à cette confrérie d'une douzaine de membres au maximum qui font leurs choux gras des frasques des Windsor. Il a fixé sur la pellicule des scoops qui ont figuré sur les couvertures des magazines du monde entier. Son objectif a saisi l'escapade nocturne de Diana, seule, le visage caché par des lunettes noires ou le petit prince William, de dos, urinant sur un arbre dans un parc public. Il est témoin d'une étreinte longue et passionnée entre la princesse et un officier des dragons. Cette dernière, en larmes, a supplié de lui remettre le film. Le photographe a obtempéré. Il s'est fait avoir. Lady Di sait utiliser son charme. Après avoir reçu la bobine, comme par enchantement, elle a cessé de pleurer.

Le journal populaire dominical *News of the World* est au cœur des scandales royaux. Porte-drapeau de l'empire Murdoch en Europe, tirant à quatre millions d'exemplaires, *News of the World* ne fait pas dans la dentelle :

titres racoleurs à la une, exclusivités sanglantes, caricatures de choc, éditoriaux râleurs, starlettes dénudées. Ses journalistes sont les meilleurs de la profession et ce sont eux qui ont révélé la majorité des grands scandales qui ont secoué le Royaume-Uni au cours des deux dernières décennies. « Si les gens n'aiment pas les détails croustillants, rien ne les force à acheter mon journal. Ils sont seuls juges » : le propriétaire, Rupert Murdoch, n'a pas d'état d'âme. Certains dénoncent pourtant en Angleterre ce journalisme de chéquier où toutes les corruptions sont permises pour obtenir des tuyaux.

Ainsi, l'envoi de lettres anonymes est encouragé. Elles doivent être adressées aux bons soins de Mr Goodman.

Et le voilà ce Mr Goodman : cheveux en brosse, boucle d'oreille, visage de boxeur, Clive Goodman est à la tête d'une équipe de reporters uniquement affectés aux Windsor. Il joue de la familiarité et de la bonhomie comme d'un camouflage. Il n'en est pas moins redoutable. La couronne d'Angleterre ne risque-t-elle pas de perdre quelque brillant avec ses révélations sans appel ? « Je vénère la monarchie ; mais que voulez-vous que j'écrive quand la royauté elle-même se comporte comme le font des gens du show-biz ? »

Négociateur sans scrupule, pas du tout impressionné par la noblesse, Clive Goodman se déplace les poches bourrées de liasses de billets pour convaincre valets, femmes de chambre ou policiers de lui révéler des secrets qui n'auraient pas dû sortir des alcôves.

Ainsi, en Espagne, moyennant espèces sonnantes et trébuchantes, il se fait remettre par le directeur d'un hôtel la paire de draps du lit où Diana a dormi et le contenu de la poubelle de sa chambre. Goodman utilise aussi des détectives privés pour soutirer des informations aux banques, au fisc et aux compagnies téléphoniques.

À leur décharge, les chroniqueurs royaux n'ont jamais l'occasion de s'adresser aux protagonistes du ménage à trois. Pas question, par exemple, d'approcher le prince Charles ou de lui poser une question. Il ne donne pas de conférence de presse et ses interviews se comptent sur les doigts d'une main.

Raison de plus pour que Clive Goodman soit fier de ses « coups » : révélation des lieux et des dates de rendez-vous secrets de Charles et Camilla, divulgation des liaisons de Diana avec successivement le fringant moniteur d'équitation James Hewitt et le capitaine de l'équipe anglaise de rugby Will Carling ou encore les coups de fil nocturnes avec lesquels elle harcèle le galeriste Oliver Hoare.

Comment expliquer qu'au Royaume-Uni la liberté de la presse ne s'arrête pas au seuil des foyers ?

La Grande-Bretagne est une nation puritaine, héritage victorien, qui aime à penser que ses élites doivent respecter des normes morales. La presse est donc dans son rôle quand elle fait la chasse aux comportements « immoraux » dans les domaines financier, politique, sexuel et familial. N'y a-t-il pas une limite à ne pas dépasser ? À chaque controverse, les défenseurs du droit à la vie privée évoquent la législation française, beaucoup plus

Scandales

sévère à l'égard des intrusions de la presse dans l'intimité des personnalités.

Reste que la presse populaire est, outre-Manche, une formidable puissance économique. Elle peut tout se permettre. Les tabloïds vendent plus de dix millions d'exemplaires par jour et la concurrence pousse à la surenchère. À l'instar de Murdoch, des frères Barclays ou de Lord Rothermere, les propriétaires actuels se refusent à étouffer les affaires, comme le faisaient jadis les barons de l'encre. Ces derniers n'auraient jamais permis à leurs journaux de révéler les démêlés conjugaux de la princesse Margaret, la liaison d'Edwina Mountbatten, épouse du dernier vice-roi des Indes, avec Nehru et un musicien noir, ou les difficultés des premières années du mariage Elizabeth-Philip. Les *sex scandals* royaux passionnent même les quotidiens de qualité comme le très conservateur et monarchiste *Daily Telegraph* qui en relate les détails les plus crus en page trois.

Les protagonistes de notre ménage à trois vivent différemment ce *Blitzkrieg*. La bataille de l'image les affecte différemment.

Le protocole bâillonne le prince. En ce début d'année 1996 et alors que Charles, séparé, vit avec Camilla mais sans s'exposer, cette dernière n'existe pas pour le service de presse du palais. Son cercle d'amis proches ne connaît rien à la jungle des tabloïds. Les Windsor et l'aristocratie n'ont pas de relations intimes avec les journalistes, à l'exception de quelques grandes plumes de la vieille école aux manières plus royalistes que celles de la souveraine. Les directeurs de journaux populaires sont des self-made men qui reçoivent sans veste ni cravate, exècrent l'Angleterre « d'en haut », snob et pontifiante. Charles suit donc le conseil de Disraeli, le Premier ministre favori de la reine Victoria : « *Never complain, never explain* » (« Ne jamais se plaindre, ne jamais s'expliquer »).

Camilla fait comme Charles. Elle ne donne jamais d'explication sur son couple. Alors que tout le monde mesure l'emprise de cette femme sur le futur roi, elle s'enveloppe de mystère. Elle donne l'impression que tout glisse, ne sourcillant pas face aux attaques cruelles qui déferlent sur la « briseuse de ménage ». Elle subit les ragots comme les révélations scabreuses du Camillagate sans broncher. Le silence est sa meilleure carte. La tempête se calmera d'elle-même.

Malgré la traque médiatique, Charles et Camilla sont heureux.

Tandis que le prince et sa maîtresse subissent la presse, Diana l'utilise.

Elle n'a pas le choix. Si la princesse de Galles n'alimente pas son image publique, elle disparaîtra progressivement de la scène. Dans la bataille qu'elle entend mener pour obtenir le divorce, elle a besoin du soutien de l'opinion.

Diana est une lectrice assidue des tabloïds dont elle comprend instinctivement le mode de fonctionnement. Elle est complètement « accro » au *Daily Mail*, en particulier à la chronique de Nigel Dempster, très bien informé de ce qui se passe dans la haute société. Elle se lie d'amitié, flirte avec les journalistes royaux. Elle achète en nombre les magazines qui mettent sa photo en couverture. Son aisance, son naturel, sa spontanéité se révèlent au grand jour face aux objectifs. Elle réagit d'instinct devant les caméras. Ainsi, la princesse manipule Richard Kay, chroniqueur royal du *Daily Mail*, lui faisant croire qu'elle envisage de s'installer aux États-Unis, qu'elle cherche un appartement sur la Cinquième Avenue, qu'elle pourrait tenir la chronique de mode du magazine sélect *Harper's Bazaar* ou qu'elle a rencontré John Kennedy Jr., fils du président assassiné, et qu'il y a un feeling entre eux. Elle téléphone directement à Clive Goodman de *News of the World* pour distiller son fiel contre le palais.

« Je m'adresse au cœur, pas à l'intelligence », aime répéter Diana. Et elle se lance dans la compassion cathodique. Diana parcourt le monde pour défendre les grandes causes humanitaires et récolter des fonds pour des œuvres philanthropiques.

Reste que ce secteur-là est déjà occupé par la famille royale qui parraine des milliers d'organisations caritatives. Le prince Charles a créé un formidable réseau d'associations humanitaires regroupées sous l'égide du Prince's Trust. La princesse Anne et le duc d'Édimbourg sont également très actifs sur ce front. Et le Foreign Office voit d'un mauvais œil l'intrusion dans son domaine réservé d'une Diana à mi-chemin entre la rock-star et mère Teresa.

L'action philanthropique de la royauté, complément de l'État-Providence, est une entreprise délicate. Face au pouvoir politique, la marge de manœuvre des Windsor est étroite. Or, la princesse de Galles, en théorie au-dessus de la mêlée partisane, pousse la provocation jusqu'à soutenir l'opposition travailliste. Invitée d'honneur d'une conférence sur les SDF, elle applaudit longuement le discours du représentant du New Labour sur les valeurs de partage, de solidarité et d'entraide. Ce parti pris embarrasse au plus haut point la souveraine. La monarchie, en théorie neutre, apparaît divisée en deux camps : Charles, le gouvernement conservateur de John Major, l'Église anglicane et l'establishment d'un côté ; Diana et Tony Blair, chef de l'opposition, de l'autre.

Diana au service du New Labour ? Erreur. La princesse n'est au service que d'elle-même. Son occupation des médias n'est destinée qu'à un seul objectif : obtenir le divorce. La reine, elle, ne veut pas en entendre parler malgré le tremblement de terre du Camillagate. Elle refuse de voir que la rupture est consommée et que le couple Camilla-Charles s'est reformé à mi-chemin entre clandestinité et officialisation. La souveraine est coupée de la réalité, hors du monde. Elle est persuadée qu'en ignorant les problèmes, ils s'arrangeront d'eux-mêmes. Elle pense encore que Diana se contentera de la situation actuelle, qu'elle est prête à tous les sacrifices pour préserver sa place dans le clan Windsor et sauvegarder son titre de princesse royale.

La souveraine ne comprend pas que sa belle-fille est une femme de son temps. Diana est consciente qu'il y a urgence à reprendre l'initiative.

Et c'est la BBC qui sera l'instrument de la rupture finale. Diana offre une interview à l'émission phare de la chaîne publique, *Panorama*. Pour éviter toute fuite, l'entretien est filmé clandestinement dans ses appartements de Kensington Palace, un dimanche soir, après le départ du personnel. Le montage a lieu dans un endroit secret, à l'écart des studios de la BBC pour ne pas alerter le président, Marmeduke Hussey. Son épouse est l'une des dames d'honneur de la reine. En effet, en 1981, Lady Hussey avait été chargée par la souveraine d'enseigner à Diana l'a b c de l'étiquette royale. Entre les deux, le courant n'était pas passé. Nul doute que mise dans la confidence par son époux, Lady Hussey n'aurait pas hésité à prévenir Elizabeth II du tsunami sur le point de déferler sur le Royaume-Uni.

Le palais est finalement lui aussi averti de l'émission le matin même de sa diffusion, lundi 20 novembre 1995, mais sans en connaître le contenu. Lors de son déjeuner avec le roi Hussein de Jordanie, Elizabeth II lui fait part de son inquiétude pour les enfants. Présent à table, Charles fixe son assiette sans desserrer les dents. Au terme d'une réunion de crise, les conseillers décident... de ne rien faire. La souveraine vaque à ses occupations comme si de rien n'était. Dans la soirée, la reine Elizabeth et son époux Philip assistent au théâtre Dominion au *Royal Variety Show*, un spectacle de variétés.

L'agenda du prince Charles est vierge de tout engagement. Comme une vingtaine de millions de téléspectateurs, il regarde la télévision chez lui aux côtés de

Camilla. Au même moment, Diana, elle, préside le dîner de gala d'une association de lutte contre le cancer.

La princesse de Galles apparaît sur les écrans de télévision, en tailleur bleu marine sur tee-shirt blanc, les jambes croisées, le visage légèrement penché, les yeux de panda suppliants. Elle révèle les turpitudes de Charles d'un ton blasé mais impitoyable en égrenant l'ordinaire de ses malheurs. Après la naissance de William, elle a fait une dépression et pratiqué l'automutilation en se tailladant les bras et les jambes. Sa boulimie la faisait se précipiter vers le réfrigérateur jusqu'au vomissement. L'indifférence de Charles la désespérait. Au cœur de cet aveu délivré sans complaisance figurent les infidélités de son mari avec Camilla. Son arithmétique pour une fois est bonne : « Nous étions trois dans ce mariage. Il y avait un peu trop de monde. »

Et Diana ne se limite pas au déballage intime. Oui, elle a mené une « guerre » contre un « ennemi » qui voulait la détruire, qui a tout fait pour cela, y compris subtiliser son courrier, c'est-à-dire l'establishment, le « côté de mon mari », en réalité la famille royale. Assassine, l'épouse s'interroge sur le vrai tempérament de Charles : « Parce que je connais sa personnalité, je pense qu'être roi lui apporterait d'énormes contraintes et je ne sais pas s'il pourrait s'y adapter. Qui sait ce que le destin produira ? Mon souhait est que mon mari trouve la tranquillité d'esprit. »

C'est une bombe atomique, une guerre sans merci au cœur même du système qui, depuis plus d'un millénaire, dirige l'Angleterre. Elle veut écarter Charles de

la succession ! Son idée cachée ? Favoriser l'accession
au trône de son fils aîné William. Des déclarations,
estime le *Daily Telegraph*, qui sont « les plus extraordi-
naires et les plus nuisibles à la monarchie depuis
l'abdication d'Edward VIII ».

Le prince est effondré. Après la confession publique
de son épouse, son accession au trône peut être remise
en question. La droite de l'establishment, qui s'est toujours méfiée de lui le jugeant trop à gauche, s'empare des
déclarations de Diana. Plus grave, 85 % des téléspectateurs se disent favorablement impressionnés par la per-
formance de la princesse. Les manchettes des tabloïds
sont insultantes. « Baise Camilla, mais surtout ne
l'épouse pas », conseille crûment le *Sun* au futur roi en
ajoutant : « Vous étiez magnifique, Di. »

Pour ce crime de lèse-majesté, il y a quatre cents ans,
Diana aurait pu perdre la tête sur le billot d'un écha-
faud Tudor façon sixième épouse d'Henry VIII. John
Major prie les membres de son gouvernement de rester
au-dessus de la mêlée conjugale des Galles en se taisant
sur le sujet. Ses conseillers se penchent sur les consé-
quences constitutionnelles d'un divorce de l'héritier du
trône, futur gouverneur suprême de l'Église d'Angleterre. Après l'interview à *Panorama*, le fait de continuer
à affirmer officiellement que Diana pourrait monter
sur le trône aux côtés du nouveau roi est tout simplement absurde.

« Le conte de fées a réellement pris fin » : Diana a
fait couler le sang et les larmes. Les dagues sont tirées.
La confession de la princesse au cœur brisé a eu l'effet

escompté. Le palais, qui n'a rien vu venir, est pris de court.

Le 20 décembre 1995, un coursier en uniforme remet une courte lettre écrite à la main de la reine à sa belle-fille et à son fils aîné leur demandant de divorcer le plus rapidement possible, « dans l'intérêt du pays ». Signé « affectueusement, Mama », le document indique que la souveraine s'est entretenue de cette situation « triste et compliquée » avec le Premier ministre et l'archevêque de Canterbury, et que tous deux ont donné leur accord. À la réception du pli royal, Charles ne peut cacher sa joie. Il cite *Hamlet* : « Pour ce soulagement, je vous remercie mille fois. » Le prince envoie une lettre à Diana le même jour, affirmant que ce mariage, « désormais irrécupérable », représente une « tragédie personnelle et nationale ».

Les avocats se mettent au travail. Charles a choisi Fiona Shackleton, l'experte en affaires matrimoniales du cabinet Farrar & Co qui représente la reine depuis 1965. Shackleton est issue de la haute bourgeoisie, proche de l'aristocratie, protestante, blonde et imperturbable. Elle appartient au même monde que Camilla. Le prince Charles peut compter sur sa pugnacité. Mais dans ce dossier, l'avocate de la Couronne a fort à faire.

Pour la représenter, Diana a choisi Anthony Julius, associé du cabinet Mishcon de Reya, réputé pour sa combativité et ses sympathies à gauche. Réputé aussi pour le montant de ses honoraires : Diana a dû contracter un emprunt auprès de sa banque, la Coutts, également celle de la famille royale, pour payer son divorce. Julius, expert des médias, est aussi un partisan déclaré de la république.

L'avocat de Diana a tous les atouts en main. Charles a publiquement reconnu son adultère. La reine veut en finir au plus vite avec les péripéties du divorce qui retardent l'annonce des fiançailles de son petit dernier, Edward, avec Sophie Rhys-Jones. Elle compte sur la concrétisation de cette union pour faire taire les rumeurs malveillantes sur le célibat prolongé du jeune prince à qui on ne connaît pas d'amitiés féminines.

Diana profite de l'aubaine pour plumer son époux. Elle obtient dix-sept millions de livres, un versement annuel de quatre cent mille livres couvrant ses frais administratifs, l'usufruit du palais de Kensington, de ses meubles, la propriété des bijoux reçus en cadeaux – assortie d'une interdiction de vente. Ultime codicille au divorce : la « clause de silence » lui interdit de parler de sa vie conjugale aux médias. Les ex-époux se partagent la garde des enfants, William, quatorze ans, et Harry, onze ans, pendant les vacances.

Elizabeth II accepte de régler la facture pour son fils qui ne dispose pas de telles liquidités. La souveraine a obtenu une maigre consolation : l'abandon par Diana du titre d'Altesse Royale, ce qui signifie qu'elle n'a plus droit de participer aux cérémonies officielles. La reine faisait une fixation sur ce titre dont l'octroi dépend de sa seule volonté. En théorie, dépourvue du sésame *Her Royal Highness* (HRH), Diana doit faire la révérence dès qu'elle croise un des membres de la famille royale. Dans sa nouvelle vie, elle n'a que faire de ce titre. De toute façon, William lui a affirmé, pince-sans-rire, qu'il lui rendrait le titre une fois qu'il serait roi.

Le divorce est prononcé le 28 août 1996 dans une petite salle d'audience du tribunal de Somerset House en trois minutes. Un nouvel objet vient s'ajouter à la bimbeloterie princière mise en vente après le mariage de 1981 et que s'arrachent les collectionneurs : une grande tasse de faïence sur laquelle Charles et Diana se tournent le dos, à côté de drapeaux britanniques en berne.

L'opinion est blasée : avec Charles, trois des quatre enfants royaux ont divorcé, suivant l'exemple de leur tante Margaret.

CHAPITRE 11

D'une maison, l'autre

L'emploi du temps de Camilla se partage désormais entre Reybridge, sa nouvelle maison dans le Wiltshire, Highgrove, la résidence de campagne de Charles, et Londres.

Le Wiltshire est situé à deux heures de voiture à l'ouest de la capitale. Le plus rural des comtés anglais est la région privilégiée des aristocrates et des hobereaux. Son relief est une succession de vastes plateaux calcaires où paissent vaches et moutons dans les ruines des abbayes abandonnées et des vallons discrets et silencieux. Le hameau de Reybridge est niché au cœur de cet éden champêtre au voisinage du pays de Galles.

Pour accéder à Ray Mill House, la demeure de Camilla, il suffit d'emprunter le petit pont de bois surplombant la rivière Avon qui serpente au milieu des prés. Ensuite, il faut traverser un champ où gambadent trois chevaux à l'abri de murets de pierre et de haies qui sentent bon l'aubépine. Au-delà d'un rideau de chênes et de frênes se dresse la belle propriété aux volets blancs. Vaches et moutons broutent l'herbe grasse et abondante à proximité du collège agricole.

« Le Wiltshire est le creuset indispensable de la mixité sociale », insiste, lyrique, le député conservateur de la circonscription. Il n'en est rien. La gentry campagnarde n'a guère d'affinités avec les notables de Chippenham, petite ville laborieuse et tristounette proche de Reybridge.

L'aristocratie et la haute bourgeoisie terriennes, à laquelle Camilla appartient, constitue un univers à part, totalement fermé et imbu d'un complexe de supériorité. Dans ce cercle, l'origine sociale pèse davantage que la profession. On parle le *Queen's English*, l'anglais châtié et sans accent de la reine. On revendique haut et fort les valeurs traditionnelles : ordre, autorité, hiérarchie et bonnes manières. On vote bien sûr à droite mais en rejetant l'extrémisme. Une comédienne londonienne en visite dans le Wiltshire s'est entendu demander par sa voisine de table si elle était « pakistanaise ». Étonnement de cette jeune Anglaise pur jus, pur sang. « Quiconque n'a pas vécu ici depuis au moins trois générations est considéré comme pakistanais », lui expliqua sa voisine… Camilla n'appartient pas à la noblesse, mais elle n'est pas une « pakistanaise » pour autant car elle est « bien née ».

Niché dans la belle campagne du Gloucestershire, le domaine de Highgrove n'est qu'à trente minutes de voiture de Reybridge. Tous les visiteurs de la maison de campagne du prince Charles sont surpris par la modestie et l'austérité de ce manoir de brique gris dégageant un calme provincial. C'est le royaume du prince. « J'ai beaucoup de conseillers. En ce qui concerne ce jardin, je n'en fais qu'à ma tête. C'est vrai qu'il vaudrait mieux partager ce chef-d'œuvre de jardinage fait avec amour. Mais la foule pourrait tout abîmer », déclare le fils aîné de la reine aux visiteurs de son domaine.

Dans l'axe de la demeure, au milieu des eucalyptus, se dresse un petit temple tibétain décoré de cloches et baptisé *the Sanctuary*. « C'est ma retraite, le seul endroit au monde où on me laisse en paix, où personne ne vient me déranger. » L'intérieur du temple est austère : un banc de bois, des bougies brûlant en permanence, quelques vieux livres Penguin dont plusieurs ouvrages de Platon, l'un des auteurs favoris du prince de Galles, et de nombreuses toiles d'araignée.

Depuis la séparation d'avec Diana en 1992, l'ambiance à Highgrove est plus calme, moins guindée. La guerre des Galles a été très éprouvante pour le personnel, dont la loyauté a été mise à rude épreuve. L'arrivée de la nouvelle maîtresse des lieux a mis de l'ordre dans la résidence.

Camilla n'a peut-être pas étudié les classiques, mais elle a reçu une éducation traditionnelle qui l'a préparée aux mondanités princières. En sa compagnie, Charles est détendu et serein. Elle accepte sa position de subordonnée consistant à soutenir le prince, à l'encourager sans jamais franchir la barrière invisible, mais bien présente, de la familiarité. Consciente de son emprise sur l'héritier du trône, elle n'en fait jamais étalage.

« Je peux le dire honnêtement : pour la première fois depuis longtemps, je vois l'avenir avec optimisme. Mon existence est devenue stable. » Après avoir affronté de multiples tempêtes, la vie du futur roi, désormais divorcé, a trouvé le calme. Devant ses proches, il cite volontiers la maxime célèbre à la Cour : « Il ne faut pas s'attendre à ce que le monarque soit le maître de notre moralité, et que des hommes de tempérament sur le trône soient des modèles de vertu. »

Lorsqu'elle est à Londres, Camilla réside au palais de St. James. C'est dans les salons du Goring Hotel qu'elle reçoit. Drapeaux arborant la croix de saint George, rouge sur fond blanc, buste de la reine mère, photos jaunies du couronnement d'Elizabeth II, tapisseries, tableaux champêtres et lourdes horloges d'acajou : à l'évidence, le Goring Hotel a une longue histoire d'amour avec la monarchie britannique. C'est pourquoi Camilla aime retrouver ses amies pour bavarder dans cet établissement tranquille situé face aux écuries royales de Buckingham Palace. L'hospitalité discrète et polie de ce haut lieu de la gentry lui plaît.

Souvent la conversation tourne autour de Diana et de son engagement philanthropique : sida, femmes battues, drogue, aliénation, mines antipersonnel... Camilla reconnaît bien volontiers que ce sont des causes importantes, cependant éloignées de ses préoccupations. Elle a préféré se mobiliser contre la décalcification osseuse en acceptant la présidence de l'Association nationale de lutte contre l'ostéoporose. Sa mère et sa grand-mère ont été emportées par cette maladie. Charité bien ordonnée commence par soi-même. Diana, pense-t-elle, abuse du *charity show*. Un caprice, au même titre que les psys, astrologues, gourous et autres illuminés qu'elle fréquente. Sans parler de ses onéreuses séances de massage plantaire ou le recours à une experte en ondes magnétiques.

Au restaurant du Goring, le crumble aux pommes se languit dans l'assiette, la bouteille de chablis est vide. Camilla et ses amies aimeraient faire du lèche-vitrine du côté de Sloane Square et du grand magasin Peter Jones. Les photographes sont à l'affût. Le chauffeur les conduit à South Audley Street, au cœur du quartier exclusif et plus discret de Mayfair. Camilla pousse la porte de Purdley & Sons, le nec plus ultra du fusil de chasse sur mesure. Elle adore la chasse, à cheval ou à pied avec un fusil. Dans la *long room* est exposée une petite sacoche à cartouches de cuir rouge confectionnée spécialement pour Edward VII, amant de l'arrière-grand-mère de Camilla. Les Parker Bowles pourraient eux aussi avoir le blason réservé aux fournisseurs de la Cour...

Effectivement, en cette fin d'année 1996, Charles n'a jamais été aussi heureux. Et il entend tourner définitivement la page. Le prince de Galles engage un nouveau directeur de la communication, Mark Bolland, chargé de la promotion de l'image de Camilla.

Le prince Charles et Diana ont au moins une chose en commun : ils se félicitent de la victoire du travailliste Tony Blair en 1997 et du retour à l'alternance après dix-huit ans de pouvoir conservateur. Le nouveau Premier ministre apporte un vent de nouveauté qui ne laisse pas indifférent le prince. Ce dernier applaudit à la promesse de Blair d'augmenter l'aide à l'Afrique et de défendre avec conviction l'environnement. Diana, elle, espère surtout que le chef du gouvernement travailliste lui donnera un rôle humanitaire que John Major lui a refusé. La princesse compte sur la nouvelle équipe du Labour pour faire interdire les mines antipersonnel. De son côté, Camilla est hostile à Tony Blair. À ses yeux, la fin de la présence des pairs héréditaires à la Chambre des lords est une mesure relevant de la guerre des classes. L'interdiction de la chasse à courre horrifie cette rurale dans l'âme. Détestant les féministes, elle abhorre Cherie Blair, avocate de profession et suffragette de conviction, qui refuse de sacrifier sa carrière à celle de son mari.

Pendant l'été, le prince et Blair se rencontrent. Fils d'un édile conservateur bon teint, le Premier ministre a fréquenté la meilleure école privée écossaise, Fettes, l'Eton du Nord, avant d'étudier le droit à Oxford. Charles et Tony se comprennent à demi-mot. L'héritier du trône se sent en phase avec le New Labour, la troisième voie entre le socialisme et le conservatisme.

Il demande au nouvel occupant de *Number Ten* d'examiner les implications constitutionnelles d'un éventuel remariage. Les conclusions de l'étude de Downing Street lui mettent du baume au cœur. Le mariage devra être civil. La mariée ne pourra pas prendre le titre de princesse de Galles. En cas d'accession au trône, elle deviendra princesse consort et non pas reine. L'union peut être bénie par l'Église d'Angleterre mais le roi devra renoncer à son titre de gouverneur suprême de la religion d'État. Charles régnera donc en sa qualité d'héritier. Cela risque de prendre du temps – l'échec de son mariage sera alors oublié –, avec une mère qui affiche une santé insolente. C'est à la fois son drame et sa chance. Il risque de faire longtemps antichambre, mais c'est un souverain enfin débarrassé des suites d'un mariage raté qui montera sur le trône.

Camilla a changé. Elle sourit davantage, prend davantage soin de sa personne et se maquille. Lors de ses séjours à Reybridge, elle préfère s'habiller sport. En ville, elle privilégie désormais les tons pastel, jaune, rose ou bleu pâle, qui font ressortir son teint. Elle a assimilé à la perfection le style Windsor.

Le 17 juillet 1997, en l'honneur des cinquante ans de Camilla, le prince Charles organise une soirée à Highgrove à laquelle sont conviées une centaine de personnes, famille et amis du couple. Parmi les invités, on remarque l'ancien époux de Camilla, Andrew Parker Bowles, et sa nouvelle femme, Rosemary. Si le divorce entre Charles et Diana a laissé derrière lui un océan de ressentiments, les anciens époux Parker Bowles ont su rester en bons termes. En guise de cadeau d'anniversaire, le prince offre à sa bien-aimée un collier de perles et de diamants qui aurait appartenu à la fameuse Alice Keppel.

Riche et libre d'aimer, Diana, elle, est perdue. Divorcée avec deux enfants, elle se retrouve comme tant de jeunes femmes, seule, sans compagnon, ne sachant pas vraiment quoi faire de sa nouvelle indépendance.

Les épreuves du divorce l'ont visiblement marquée :

teint hagard, yeux cernés, mains nerveuses et petit rire contraint. Elle a pris un peu de poids depuis la séparation. Elle est fragile comme une porcelaine. Au club de sport Green's, voisin de Kensington Palace, elle s'entraîne trois fois par semaine pendant une heure et demie avec un instructeur australien, Steve. De grosses lunettes noires sur le visage, elle évite tout contact avec les autres membres du club de gym. Elle ne s'aventure dans la rue que coiffée d'une casquette ou d'une capuche de sweat-shirt. Pas de quoi tromper les paparazzi à la recherche d'images de la princesse triste.

Diana ne peut plus compter que sur elle-même et montre des signes de paranoïa. Elle est persuadée que le MI5, le contre-espionnage, a mis sur écoute ses appartements de Kensington Palace. Elle soupçonne son secrétaire particulier, Patrick Jepson, basé à Buckingham Palace, camarade de promotion d'un des conseillers les plus proches du prince, de la trahir.

Elle ne supporte plus d'être reléguée dans les journaux au rôle de princesse de Galles déchue. Elle veut encore faire entendre sa voix. Elle accorde au *Monde* sa première interview à la presse écrite. Elle y expose ses convictions sur l'interdiction des mines antipersonnel, sujet qui lui tient à cœur, et critique l'inaction dans ce domaine du précédent Premier ministre, le conservateur John Major. C'est un tollé.

Après les désastres Hewitt et Gilbey, Diana se détourne des hommes de sa caste, bien élevés, minces, élancés, courtois, à l'humour désabusé. Elle a eu sa dose des hommes en uniforme, moulés à Eton et dans les régiments royaux. La princesse est de plus en plus attirée par les outsiders... à son image. Elle donne la préférence à des hommes qui n'ont rien de menaçant pour tenter de rester maîtresse de la situation.

Au gymnase de Chelsea Harbour, elle fait la connaissance du rugbyman Will Carling, capitaine de l'équipe d'Angleterre, un homme marié de petite taille, mais à l'imposante musculature. Elle invite la coqueluche du rugby anglais à prendre un verre à Kensington Palace. Ils deviennent amants et se voient deux à trois fois par semaine, soit chez Diana, soit dans un petit hôtel discret, Eleven Cadogan Gardens, à Knightsbridge. Carling a fait installer une ligne spéciale avec le palais dans son bureau de Putney d'où il appelle la princesse jusqu'à vingt fois par jour.

Le meneur de jeu de la formation à la rose se sent à ce point en confiance qu'il emmène avec lui à un déjeuner à Kensington Palace son grand copain, le footballeur Gary Lineker. À l'issue de ce repas à trois, la star du ballon rond avertit Carling : « Cette bonne femme ne peut que te causer des problèmes. » Il a raison. Quelques semaines plus tard, une ex-collaboratrice du trois-quarts centre des Harlequins vend la mèche aux journaux : « Elle le traite comme son petit caniche. Il l'appelle *Boss* (patronne). » Carling dément : « Nous ne sommes que de bons amis. » Mais le mal est fait. Diana le plaque et sa femme le quitte.

Dans la foulée, un nouvel homme entre dans sa vie : un cardiologue, Hasnat Khan.

Dans une chambre du Royal Brompton Hospital de Londres, Diana est au chevet du mari de son acupunctrice, victime d'une grave hémorragie lors d'un triple pontage. Entre un chirurgien pakistanais en blouse blanche, stéthoscope au cou, les baskets maculés de taches de sang, flanqué d'une cohorte d'assistants et d'infirmières. Trop occupé par l'état grave du patient, il ignore la présence de la princesse. La femme la plus photographiée au monde est subjuguée par cette indifférence. La princesse est conquise par la compassion, la gentillesse, la voix douce du spécialiste des opérations à cœur ouvert. « Il est à tomber par terre », se dit-elle. Dans l'espoir de revoir ce vague sosie d'Omar Sharif, elle passe toutes ses journées à l'hôpital pour tenir compagnie à son ami qui se demande ce qui lui vaut cet honneur.

L'aîné de quatre enfants d'une famille bourgeoise de Lahore n'est pas indifférent à l'éclat de cette femme qui a tout pour lui plaire : grande et élancée, la taille fine, les cheveux blonds, le teint de pêche. À trente-six ans, il est célibataire. Sur le point de divorcer, elle est malheureuse, prisonnière d'une cage dorée, désespérément à la recherche d'un compagnon.

À l'automne 1995, Diana et Hasnat deviennent amants. La princesse le retrouve souvent dans sa petite chambre de garde du Royal Brompton. Le prétexte invoqué est qu'elle vient à l'hôpital pour réconforter les malades en phase terminale. Khan est fréquemment introduit au palais de Kensington caché sous une cou-

160

verture sur la banquette arrière de la voiture de Diana conduite par son majordome Paul Burrell. Pour échapper aux caméras de surveillance et aux regards indiscrets, la BMW passe par l'entrée sur King's Court. L'amant emprunte ensuite un passage secret donnant directement sur l'appartement de Diana.

Comment expliquer que les paparazzi ou les chroniqueurs royaux n'aient jamais eu vent de cette liaison alors que Diana fait l'objet d'une impitoyable traque médiatique ? Il n'existe pas une seule photo d'eux.

Tout d'abord, Hasnat Khan ne répond pas au stéréotype des amants précédents de la princesse de Galles, blancs, racés, beaux, issus de l'aristocratie ou de la haute bourgeoisie anglaise. Il n'a pas la fortune des milliardaires américains qui l'ont courtisée dans le passé. Avec sa taille modeste, ses sourcils charbonneux, ses grosses lunettes et son embonpoint, « Natty », de prime abord, ne dégage pas un charisme flamboyant. Ensuite, les journalistes de la presse populaire partagent souvent les préjugés racistes de leurs lecteurs issus de la classe ouvrière ou de la petite classe moyenne. La meute de photographes constamment aux trousses de Diana ne peut imaginer que cette descendante d'une longue lignée aristocratique d'Albion, la femme la plus glamour de la planète, ait une aventure avec un « paki ». Il y a certes un précédent, Jemima Goldsmith, l'une des filles du magnat Sir James Goldsmith, qui a épousé Imran Khan, la star du cricket pakistanais aux allures de mannequin. Mais Jemima, convertie à l'islam, n'est pas la mère du futur roi d'Angleterre !

Diana tombe amoureuse. Bon amant, le cardiologue satisfait sexuellement une femme à la recherche du plaisir après toutes ces épreuves. Leurs étreintes lui permettent de surmonter la dépression dans laquelle elle est tombée après son divorce. Pour la première fois, cette femme qui a fini par s'adonner à l'adultère ne tient pas les rênes de la liaison. Les rendez-vous ne dépendent pas de son bon vouloir mais de celui du chirurgien qui, absorbé par son travail, passe beaucoup de temps à l'hôpital. Sous ses dehors falots, Hasnat Khan a l'œil attentif, la lippe décidée. Son physique discret cache mal la détermination, la fierté et l'orgueil des Pathans, l'ethnie guerrière à laquelle il appartient.

Le praticien refuse les cadeaux dont elle avait l'habitude d'arroser ses amants. La princesse de Galles change de vie. La voilà qui repasse ses chemises, cuisine – si l'on peut dire – en achetant des plats préparés Marks & Spencer mis au micro-ondes ou des cartons de Kentucky Fried Chicken, et fait la vaisselle dans son appartement. Pendant ce temps, vêtu d'un vieux tee-shirt et d'une paire de jeans déchirés, il regarde des matchs de foot à la télé en buvant une bière. À l'inverse de ses prédécesseurs, Hewitt, Carling ou Gilbey, cet homme timide n'a pas besoin du prestige de « Di » pour exister.

Après avoir traversé tant de déserts, ne répugnant plus à défier toutes les conventions de son milieu, Diana est déterminée à lier son destin à cet homme hors norme. « J'ai trouvé la paix ! Il m'apporte tout ce dont j'ai besoin », confie la princesse, visiblement épanouie, à une amie. Elle se découvre en confiance avec les hommes venus d'ailleurs, comme l'atteste le choix d'un autre Pakistanais, le sombre et hypnotique Martin Bashir, pour faire sa fameuse confession cathodique, un soir de novembre 1995. Elle se met à s'intéresser à la médecine et regarde tous les samedis soir le soap *Casualty* tourné dans un hôpital. Surtout, elle passe des heures au téléphone avec Jemima Khan pour discuter de la conversion à l'islam de cette dernière.

Diana se rend plusieurs fois au Pakistan dans le courant de l'année 1996. Officiellement, elle entend collecter des fonds au profit d'un hôpital parrainé par l'époux de Jemima Khan qui s'est lancé dans la politique. La vraie raison de ce voyage est de faire la connaissance des parents de son amant. Si sa belle-famille présomptive se montre chaleureuse envers la princesse, coiffée, ce jour-là, d'un châle de couleur claire pour couvrir ses cheveux, elle n'est pas dupe de ses intentions. Or dans ce pays, où les intégristes exercent une forte influence, il n'est pas question pour les Khan d'autoriser un mariage d'amour avec une Occidentale, même convertie.

Très attaché aux siens, Hasnat n'a pas d'autre choix qu'un mariage arrangé, selon la tradition musulmane. Ses parents ont trouvé un parti acceptable, une jeune Pakistanaise jolie et bien dotée. Les futurs conjoints ne se connaissent pas.

Hasnat Khan rompt brutalement avec Diana en mai 1997. Les incessants appels de Diana restent sans réponse. La romance s'achève et, cette fois, elle n'y est pour rien. Le souvenir de cet homme la hantera longtemps.

Dodi al-Fayed succède à Hasnat Khan quelques semaines plus tard. Ils se sont rencontrés une première fois en 1986 à l'issue d'un match de polo au grand parc de Windsor opposant l'équipe du prince Charles à celle du grand magasin Harrods, qui appartient à Mohammed al-Fayed. Bien que son mariage batte déjà de l'aile à l'époque, la princesse a à peine remarqué le cavalier égyptien qui, à l'époque, a fière allure. Par la suite, ils se croisent lors des manifestations philanthropiques parrainées par le père de Dodi. Le propre père de Diana, le comte Spencer, est alors l'un des conseillers du propriétaire de Harrods. En novembre 1996, Diana et Dodi commencent à se fréquenter.

Dodi, de son vrai nom Emad, est né en 1955, à Alexandrie. Son paternel est le bras droit du marchand d'armes Adnan Kashoggi dont il a épousé la sœur, Samira, un an plus tôt. Cinq ans plus tard, ils divorcent. Sa garde revient à son père, comme le veut la loi musulmane. Il a rarement l'occasion de revoir sa mère durant son enfance solitaire. Occupé par ses affaires, Mohammed al-Fayed est peu présent. Les relations de ce self-made man avec son fils, trop doux, trop timide et trop réservé à son goût, sont distantes. À treize ans, Dodi est envoyé au collège du Rosey, à Rolle, en Suisse, l'établissement privé le plus exclusif au monde, que ce cancre quitte au bout d'un an. Le jeune Égyptien suit ensuite un entraînement militaire aux Émirats Arabes Unis avant d'être reçu, à l'âge de dix-neuf ans, à la Royal Military Academy de Sandhurst, le Saint-Cyr anglais, d'où il sort second lieutenant. Il devient attaché militaire à l'ambassade des Émirats à Londres mais se lasse très vite de la vie militaire et diplomatique.

Le monde du cinéma le fascine. À la fin des années soixante-dix, Dodi s'installe à Los Angeles pour poursuivre une carrière de producteur. Il convainc son père d'investir dans *Les Chariots de feu*, film réalisé par le Britannique David Puttnam et primé d'un oscar en 1982, et *Hook*, de Steven Spielberg.

À Beverly Hills, il est moins réputé pour ses talents de producteur que de séducteur, volage et instable. Il s'affiche au bras des actrices Valérie Perrine et Brooke Shields, des mannequins Marie Helvin et Koo Stark, des célébrités comme Tina Turner ou d'aristocrates à l'instar de Charlotte Hambro, petite-fille de Winston Churchill. Cet homme de courte taille au crâne dégarni aime les épater avec son argent, les couvrant de cadeaux.

Si al-Fayed Junior est riche, il vit de l'argent de son père, qui lui a alloué une pension. Il est incapable de maintenir une relation durable. Son mariage avec un mannequin, décision prise sur un coup de tête, n'a duré que huit mois. Il a déclaré au moment de son divorce que cette expérience l'a écarté à jamais de l'institution du mariage.

Depuis son arrivée à Londres en 1965, Mohammed al-Fayed n'a eu de cesse de courtiser le vieil establishment britannique dans l'espoir de devenir un vrai *British gentleman*. Pour son malheur. C'est le genre de péché mignon que la gentry anglaise, qui sait remettre un parvenu à sa place, ne pardonne pas. Il n'a pas compris que l'aristocratie d'outre-Manche sait comment vivre aux crochets des nouveaux riches sans rien donner en retour. Son drame est d'avoir voulu à tout prix être l'égal de la haute bourgeoisie tout en transgressant ses lois supérieures : pas de scandale.

Le rachat controversé du grand magasin Harrods en 1985 par celui qui détient le pouvoir de signature du sultan de Brunéï, à l'époque considéré comme l'homme le plus riche du monde, ajoute à la controverse. Dans les années quatre-vingt-dix, l'entrepreneur a fait tomber un ministre et deux députés conservateurs en les soudoyant. En raison de ses mensonges, à deux reprises, le gouvernement britannique lui a refusé la nationalité. Comme on le voit, la controverse n'est jamais loin des al-Fayed.

L'idylle entre Dodi et Diana a commencé lors du séjour de la princesse de Galles et de ses deux enfants au Castel Sainte-Hélène, la propriété des al-Fayed à Saint-Tropez, à la mi-juillet 1997. Mohammed a invité la jeune divorcée et ses deux fils à passer une douzaine de jours en compagnie de sa famille, Heini, sa seconde femme, et leurs quatre enfants. Diana, qui a la garde des princes pendant deux semaines, n'a pas d'autre solution. Personne dans son cercle n'a songé à l'inviter par peur du harcèlement médiatique ou pour ne pas se mettre à dos la famille royale. Elle a sauté sur l'aubaine.

Dodi gâte les deux princes, leur offrant tous les plaisirs de la jet-set. Malgré la façon familière du fils al-

Fayed de passer son bras autour de Diana, rien ne se passe entre eux.

Diana et son soupirant attendent d'être seuls sur le yacht *Jonikal* du magnat égyptien pour se livrer à leur passion au cours d'une croisière au large de la Sardaigne et de la Corse. La princesse autorise ses amies, porte-parole officieuses, à le faire savoir aux journaux populaires qui en font leurs gros titres dès le 7 août 1997. Trois jours plus tard, le *Sunday Mirror* publie la fameuse photo du baiser où on les voit, en maillot de bain, tendrement enlacés sous le soleil, à bord d'un yacht au large de la Sardaigne. Flou, le document, pris au téléobjectif à cinq cents mètres de distance, fait le tour du monde.

Le couple s'affiche en public. Dodi assure à *News of the World* daté du 10 août 1997 : « Ce n'est pas une aventure, c'est sérieux. »

Les deux tourtereaux ont bien des points communs. Dodi, comme Diana, a connu les déchirements d'un divorce difficile. Durant son enfance solitaire, partagée entre Alexandrie et Le Caire, il a peu vu sa mère. Il est timide, gentil, charmant, mais constamment motivé par le besoin d'être aimé. À l'image de Diana, il est à l'abri du besoin financier, mais il manque d'assurance. Le père al-Fayed humilie sans cesse ce « bon à rien de fils ». Diana, elle, a été constamment abaissée par les Windsor. Un peu enrobé, Dodi lui rappelle aussi le médecin pakistanais Hasnat Khan, son grand amour qui l'a répudiée.

Ils sont également tous deux superstitieux. Diana croit aux forces de l'esprit et dévore les horoscopes, passant au crible amis et ennemis. Elle est persuadée qu'il

167

existe une vie après la mort. C'est l'une des raisons pour lesquelles elle a emmené Dodi consulter sa voyante favorite, Rita Rogers, à Lower Pilsey, au milieu des vallons du Derbyshire, le 12 août 1997. En lisant la main de l'Égyptien, la voyante a eu un mauvais pressentiment. Pour sa part, Dodi est imprégné de la culture du complot et de l'assassinat. Il ne dort jamais plus d'une nuit ou deux au même endroit et emploie un goûteur chargé de tester les plats avant lui de crainte qu'ils ne soient empoisonnés.

À peine la romance révélée à la une des médias, une ex de Dodi, Kelly Fisher, entend torpiller la relation. Se présentant comme la vraie fiancée de Dodi, l'ex-mannequin agite sa bague sous les objectifs. À l'écouter, il est pitoyable au lit, quasi illettré et adore les jouets d'enfant omniprésents dans son appartement londonien. Une autre ancienne petite amie, Tracy Lind, affirme avoir quitté le play-boy après qu'il lui a mis un revolver sous le nez.

La presse britannique tire à boulets rouges sur l'Égyptien jugé indigne de la princesse. La propre mère de Diana, Frances Shand Kydd, est profondément choquée de cette liaison entre sa fille et un musulman. Elle la met en demeure de quitter cet homme sans quoi elle ne lui adressera plus la parole. Diana répond par un rire moqueur. La mère et la fille ne se reparleront plus jamais.

Cette levée de boucliers rapproche les deux amants.

Paradoxalement, la nouvelle liaison de Diana ne gêne pas le prince Charles. Ce dernier est un grand admirateur de l'islam. N'a-t-il pas déclaré qu'il préférerait être le défenseur « des fois » plutôt que celui de « la foi » anglicane ? En outre, le prince aimerait que son ancienne femme se remarie. Une telle union détournerait l'intérêt que la presse porte au ménage à trois. Diana cesserait alors ce petit jeu enfantin consistant à lui ravir la vedette. Et si cette dernière convolait en seconde noces, cela faciliterait peut-être son éventuelle union avec Camilla ? L'héritier du trône sait qu'il s'agit d'une perspective lointaine mais possible, même si pour l'heure la reine et ses futurs sujets ne veulent pas en entendre parler.

Dans le même temps, le prince est inquiet. Il désapprouve le luxe tapageur du magnat égyptien. Il n'a pas aimé le compte rendu que lui ont fait William et Harry de la dizaine de jours passés avec leur mère à bord du yacht des al-Fayed. Dodi vit dans la paranoïa, souffre de la phobie des microbes et prendrait de la cocaïne. De surcroît, les détectives qui ont accompagné les deux princes se sont plaints des lacunes du système de protection des al-Fayed. Le père ne manque pas d'ennemis.

À cette époque, les relations de Charles et de Diana paraissent plus apaisées. Au début de l'été, elle a déclaré en privé à un journaliste de la BBC, qui l'a rapporté à Charles : « Soyons réalistes. Camilla est l'amour de Charles et l'a toujours été. Je ne sens plus d'animosité à son encontre. Je pense qu'elle mérite même d'être reconnue. Après tout, elle a été d'une totale loyauté envers lui et extrêmement discrète. » Ses bons sentiments sont de courte durée. Le 17 juillet, Charles donne une party à Highgrove pour les cinquante ans de Camilla. Pour

Diana, il n'est pas question que cette fête occupe la une des journaux. En vacances en Sardaigne sur le yacht des al-Fayed, la princesse pose pour les paparazzi dans un provocant maillot de bain tigré qui n'aurait pas dépareillé sur le corps de Pamela Anderson. Le lendemain, sa photo éclipse en manchette des tabloïds les clichés de la fête de son ex-époux.

Camilla est furieuse. Elle est persuadée que la princesse entend leur mener la vie dure jusqu'au bout. Quant aux al-Fayed, ils sont infréquentables, insiste la compagne du prince. D'ailleurs, elle a cessé depuis belle lurette de faire ses emplettes chez Harrods, trop clinquant, trop nouveau riche, trop arabe…

Qu'importe ! Diana et Dodi jouent au grand amour. Partout on les voit enlacés, main dans la main. Le 30 août, l'Égyptien a acheté une bague somptueuse de deux cent mille euros chez Repossi, le grand joaillier de la place Vendôme, qu'il compte lui offrir à Paris. Une bague de fiançailles ?

Toutefois, un an seulement après son pénible divorce, Diana n'a pas l'intention de se remarier de sitôt. Seule depuis trop longtemps, victime de l'ostracisme de l'establishment britannique, la princesse de Galles a surtout besoin de réconfort. De Paris, elle appelle son amie, Lady Annabel Goldsmith : « Je vis un moment merveilleux, mais la dernière chose dont j'aie besoin, c'est bien d'un mariage. J'en ai envie comme d'un bleu sur le visage. »

CHAPITRE 12

Délivrance

Dans la lumière blafarde du bloc opératoire au sous-sol de la Pitié-Salpêtrière, quatre chirurgiens, quatre infirmiers-chefs et quatre assistants attendent en silence l'arrivée de l'accidentée. À 2 h 12, le 31 août 1997, cent cinq longues minutes après l'accident du tunnel du pont de l'Alma, l'ambulance transportant Diana arrive au service des urgences. L'hôpital est illuminé par les spots des équipes de télévision et des photographes agglutinés aux grilles. Les portes sont barrées par deux escadrons de CRS. Le personnel a baissé les stores de toutes les fenêtres, ajoutant même des draps pour boucher la vue aux paparazzi. Le message officiel de l'établissement, retransmis en boucle par la BBC, affirme que la princesse souffre seulement d'un bras cassé, d'une entaille à la jambe et de commotions. En revanche, Dodi al-Fayed, l'autre passager de la Mercedes S-180, et le chauffeur, Henri Paul, sont morts sur le coup. Le garde du corps est dans le coma.

Charles a été averti de l'accident en pleine nuit par Robin Janvrin, le secrétaire particulier adjoint de la reine, de garde de week-end à Balmoral. Il est à fois inquiet et rassuré. Les radios n'évoquent encore que des blessures bénignes.

En réalité, Diana est dans un état désespéré. Le cardiologue Alain Pavie ouvre la cage thoracique à l'aide d'une scie chirurgicale.

La cavité autour du poumon gauche est remplie de sang en raison de la déchirure d'une artère principale. Le massage cardiaque effectué sur le lieu de l'accident n'a servi à rien. Des litres de sang ont inondé la cage thoracique. Après avoir fait installer un tuyau de drainage, le docteur Pavie bloque l'hémorragie. La pression sanguine est très basse.

On pratique un nouveau massage cardiaque. En vain. Le cœur ne répond plus. Sur le moniteur, la fine ligne verte reste désespérément horizontale. « C'est fini. » Le docteur Pavie recoud l'incision. Il est 4 h 05. Diana est morte.

Des infirmières sanglotent. Le silence est pesant lorsque apparaît le ministre de l'Intérieur, Jean-Pierre Chevènement, accompagné du préfet de police. Le ministre regagne la salle des médecins au premier étage pour avertir l'ambassadeur britannique qui a accouru à la Pitié-Salpêtrière. Pendant ce temps, le corps de Diana, seulement vêtu d'une blouse chirurgicale, est transporté au service des soins intensifs, au premier étage de l'hôpital qui sert de chapelle ardente.

À 5 h 46, un flash AFP tombe sur le fil des agences : « La princesse est décédée des suites des blessures reçues lors de son accident à Paris. » Jean-Pierre Chevènement annonce officiellement la mort à la suite d'un « grave choc hémorragique d'origine thoracique ».

À Balmoral, où la famille royale passe traditionnellement ses vacances d'été, la reine a rassemblé dans le grand salon tous les membres du clan Windsor. C'est à la télévision qu'ils suivent les nouvelles venues de Paris. Après le premier bulletin médical, relativement optimiste pour Diana, l'inquiétude grandit devant le silence des médecins parisiens et la confirmation de la mort de Dodi al-Fayed et du chauffeur. Pressé par Charles, Robin Janvrin tente inutilement d'avoir plus d'informations.

À 3 h 05, heure locale, le téléphone sonne dans le bureau attenant au salon. C'est l'ambassadeur Michael Jay qui demande à parler au prince.

– Votre Altesse Royale, j'ai une terrible nouvelle à vous annoncer. La princesse de Galles vient de décéder.

Charles est sonné. Il n'avait jusque-là pas imaginé que son ancienne femme puisse mourir. « Pourquoi ? Pourquoi ? Pourquoi ? » répète Charles, anéanti. À sa mère qui le rejoint dans le bureau, il ne peut que murmurer : « Elle est morte. »

Quelques minutes plus tard, l'Union Jack recouvre l'écran de télévision aux notes du *God Save the Queen*. Le décès de Diana est officiel.

La préoccupation immédiate de Charles est ses enfants. Quand et comment annoncer à William, quinze ans, et Harry, douze ans, la disparition de leur mère ? Et c'est vers Camilla et non vers la reine qu'il se tourne. Il lui téléphone à Ray Mill House.

– Que dois-je faire avec les enfants ?

– Attendez qu'ils se réveillent, lui conseille sa compagne.

À sept heures, le prince réveille doucement William. « Maman est morte. » Il le prend dans ses bras et le réconforte. Ensemble, père et fils se rendent dans la chambre d'Harry. À l'inverse de son frère aîné, Harry ne réalise pas qu'il ne reverra plus jamais sa mère.

Si Elizabeth II n'a pas exprimé la moindre émotion à l'annonce de la disparition de son ex-belle-fille, elle est bouleversée pour ses petits-enfants. Pour la première fois peut-être, elle trouve les mots pour les consoler. Elle décide de faire enlever toutes les télévisions et les radios du château. Elle organise avec son mari une battue de chasse destinée à les occuper.

Prévenu dans sa circonscription de Sedgefield, dans le nord de l'Angleterre, du décès de la princesse, Tony Blair sent instinctivement la portée émotionnelle de l'événement : « Ça va être absolument énorme. Personne ne peut l'imaginer. » Le Premier ministre sait trouver les mots justes en rendant un hommage vibrant et un tantinet démagogique à la mémoire de la défunte : « D'un simple regard ou d'un geste qui en disait tellement plus long que les mots, elle révélait à tous la profondeur de sa compassion et de son humanité... Elle était la princesse du peuple et elle le restera, comme elle

restera à jamais dans nos cœurs et dans nos mémoires. »
La phrase, qui a été plagiée par Downing Street dans
une biographie de Diana, restera dans les annales. La
priorité du locataire de *Number Ten* est d'aider la
famille royale à traverser l'une des plus grandes crises de
son histoire.

Charles décide de se rendre à Paris pour rapatrier le
corps de la princesse. Elizabeth II, hostile à ce voyage,
donne son accord du bout des lèvres. À ses yeux,
l'affaire est entendue : Diana, divorcée, n'est plus membre de la famille royale. Sa mort est une affaire privée.
Le clan Spencer penche également pour une cérémonie
intime.

L'opinion en décidera autrement.

Vers dix-huit heures, le prince arrive à la Pitié-
Salpêtrière où il est accueilli par le président Jacques
Chirac et sa femme. Le chef de l'État et Mme Chirac se
retirent pour laisser le prince se recueillir seul devant le
corps de son ex-épouse. La dépouille a été revêtue d'une
simple robe du soir noire à mi-mollet avec un col châle,
qui a été donnée par la femme du plénipotentiaire britannique. Étrangement, son visage ne porte aucune
ecchymose ou trace de sang. La peau est lisse. Elle semble tranquille, sereine, comme endormie.

Charles est effondré et il quitte la chapelle ardente les
yeux rougis, désemparé, le regard perdu. À sa demande
expresse, le cercueil est recouvert de la bannière des
Windsor alors que Diana n'est plus princesse royale. De
l'aéroport militaire de Villacoublay, Charles téléphone à
Camilla : « Voir son corps sans vie fut le pire spectacle

auquel j'aie jamais assisté. Je ne pensais qu'à la jeune fille que j'avais connue, pas à l'épouse et aux problèmes que nous avions traversés. J'ai pleuré, pour elle et pour nos fils. »

À Londres, désobéissant aux ordres de sa mère qui avait opté pour la morgue publique de Fulham, le prince fait installer le cercueil à la chapelle de St. James, sa résidence officielle dans la capitale, sauvant, sans le vouloir, la monarchie. Ensuite, il retourne immédiatement rejoindre ses deux fils et sa famille à Balmoral. Cet homme, qui s'est éloigné de Diana, trouve, pour la première fois, les gestes à accomplir et l'attitude à adopter.

Alors que le clan Windsor est enfermé dans son château écossais, le royaume connaît la plus grande manifestation de chagrin national jamais vue depuis la mort subite du roi George VI, en 1952. Dans tout le pays, les drapeaux ont été mis en berne sur les bâtiments officiels. À l'exception toutefois de Buckingham Palace. Comme c'est toujours le cas en l'absence du souverain, l'étendard royal a disparu du mât. Robert Fellowes, le secrétaire particulier de la reine, qui ne comprend toujours rien à la situation, se refuse avec obstination à placer l'étendard royal puis à le baisser, en affirmant : « Seule la mort d'un monarque l'autorise. » Et Elizabeth II ne pardonne pas à la défunte d'avoir fait rouler la Couronne dans le ruisseau.

Des milliers d'anonymes, britanniques et étrangers, de toutes les origines, de tous les milieux sociaux, affluent vers le palais de Kensington, résidence de Diana, pour déposer des monceaux de fleurs, allumer des bougies ou accrocher des photos de la défunte aux grilles. La foule se masse également aux abords de Buckingham, symbole de la monarchie. Le pays est en état de choc. Les présentateurs de la BBC, chemise blanche et cravate noire, sont en deuil. La Bourse a observé une minute de silence. La vie politique est suspendue.

Comme aux pires heures du Camillagate, la mort de son ancienne rivale bouleverse la vie de Camilla, contrainte de se barricader dans sa maison de Reybridge sous l'assaut des médias du monde entier. Certes, elle en a vu d'autres. Elle sait très bien que le chemin du bonheur aux côtés de Charles n'est pas pavé de roses. L'hystérie collective provoquée par le décès de la « princesse des cœurs » lui fait peur. Elle reçoit des lettres d'injures et des menaces de mort. Ray Mill House est gardée jour et nuit par des policiers en armes. Deux tireurs d'élite de la protection royale ne la lâchent pas d'une semelle. Tous ses rendez-vous sont annulés. Elle fait retirer ses vêtements de Highgrove. Par peur du scandale, les deux amants évitent de se voir en ces moments tragiques.

À Balmoral, Charles réconforte ses fils, leur parle de leur mère, leur montre des photos de l'album de famille et répond à leurs questions. La reine et le prince Philip emmènent les deux garçons à la petite église paroissiale de Craithie assiégée par les journalistes. Le pays est choqué par cette exposition des deux orphelins aux médias du monde entier. Pourtant, c'est William et Harry qui ont expressément demandé à assister au service dominical auquel ils participent sans verser une seule larme. Pour les Windsor, pleurer en public serait indécent.

La foule, qui fait la queue dix heures durant pour signer les registres de condoléances ouverts à St. James Palace, laisse parler son cœur. Les visiteurs écrivent quelques lignes sans prétention : « Vous étiez notre amie », « Brille, brille, petite étoile »… Chaque jour, ils sont des dizaines de milliers à déposer aux grilles du palais de Kensington des fleurs, des bougies ou des photos de la défunte. C'est une foule immense et émue qui sort en permanence de la bouche de métro High Street Kensington. Les bouquets jonchent plusieurs centaines de mètres carrés.

Partout dans le pays, des messes sont dites à la mémoire de Diana. Dans les librairies, toutes les rééditions des livres sur sa vie s'épuisent en quelques heures. Les chaînes de télévision repassent en boucle des images de la princesse de Galles sur fond de musique classique. Le royaume et le monde s'installent dans le culte de l'immaculée Diana.

Géographiquement isolés au milieu des landes écossaises, les Windsor sont incapables de saisir cette immense émotion populaire. Charles, pourtant, a pris conscience que l'appareil dynastique est dépassé par les événements. Il est convaincu que pour persuader la reine de faire des concessions, il faut utiliser le nouveau chef du gouvernement travailliste. Tony Blair est un peu le « psy » d'une nation au bord de la crise de nerfs. En tant que Premier ministre, il est le seul susceptible de contraindre la reine à s'associer au deuil national.

Le chagrin de l'héritier du trône et l'affection profonde qu'il prodigue à ses deux enfants ont ému le peuple. L'opinion qui rendait Charles responsable de l'échec de son mariage lui devient désormais favorable. La partie de poker continue.

Camilla est mal à l'aise face à cette hystérie populaire. Elle éprouve de la sympathie pour Sa Majesté, obligée de rentrer à Londres contre son gré, de passer en revue les tonnes de fleurs en décomposition déposées sur le parvis de son palais, de faire mettre en berne le drapeau sur Buckingham Palace. Pourtant, en vingt-quatre heures, la souveraine retourne la situation en sa faveur en prononçant une allocution télévisée pour saluer la mémoire de cette belle-fille qui lui était devenue insupportable. Elizabeth se présente à ses sujets avec en arrière-plan la foule en masse devant Buckingham. Elle établit ainsi un lien avec son peuple. Elle est vêtue de noir, couleur jusque-là réservée aux deuils royaux. Au cours de cette brève intervention suivie par vingt-six millions de ses sujets, la reine dresse un élogieux portrait de Diana, en soulignant : « Ce que je vous dis aujourd'hui en tant que reine et en tant que grand-mère, je vous le dis du fond du cœur [...]. C'était une personne exceptionnelle et talentueuse. Dans les bons comme les mauvais moments, elle n'a jamais perdu sa capacité à sourire et à rire, ni à transmettre aux autres sa chaleur et sa gentillesse. »

Un rien tendue, le visage souvent figé, le menton relevé, la souveraine explique son silence depuis le 31 août : « Si nous sommes restés si longtemps à Balmoral, c'est parce que nous voulions à tout prix réconforter les enfants. » Les mots sonnent juste. « Le ton était-il suffisamment contrit ? » demande-t-elle à l'équipe de la BBC en s'éloignant du studio. L'exercice est réussi. Cependant, à l'évidence, c'est à contrecœur que la souveraine l'a accompli.

Aux yeux de Camilla, une douleur familiale doit rester une affaire privée. À l'instar de la frange la plus conservatrice de la société, elle refuse le totalitarisme des émotions, la dictature des pleurs. La gentry ne se reconnaît pas dans la vénération de « sainte Diana ». Camilla se souvient avec émotion de la retenue manifestée par tout le pays lors des obsèques de Churchill et de Mountbatten.

Un véritable culte est en train de naître, celui d'une femme mythique, Iphigénie contemporaine au destin tragique. La Mercedes noire rejoint le tailleur rose éclaboussé de sang de Jackie Kennedy, les cheveux blonds de Grace Kelly ou la longue écharpe d'Isadora Duncan.

Depuis Balmoral, les coups de fil de Charles à sa maîtresse se multiplient.

L'héritier du trône est engagé dans une formidable épreuve de force avec le secrétaire privé de la reine, Robert Fellowes. Ce courtisan traditionnel, austère, froid, dénué d'imagination, bloque toutes les initiatives de Charles qui exhorte le système à oublier le protocole pour faire face à une situation exceptionnelle.

Camilla aussi déteste Fellowes qui, en 1994, a forcé le prince à rompre avec elle. Elle sait que ce grand commis de la monarchie estime que Charles doit sacrifier la femme qu'il aime dans l'intérêt de la Couronne. Elle le soupçonne de surcroît d'être misogyne. Cet homme énigmatique est puissant. Il ne dirige pas seulement l'appareil de Buckingham Palace, il reçoit tous les dossiers de politique intérieure comme ceux de politique étrangère. Il tient l'agenda des rendez-vous de la reine et sert de relais entre le palais et la police, les forces armées et l'Église d'Angleterre. Le dépositaire de tous les secrets d'État choisit les documents officiels qui seront soumis à l'attention de la souveraine. Le chef de file du camp anti-Camilla a l'oreille de la reine, du prince Philip et de la reine mère, sans parler de la frange la plus conservatrice du clergé anglican, très puissante à la Cour.

Pourtant, avec l'appui de Tony Blair, Charles impose à Fellowes la mise en berne de l'Union Jack au mât de Buckingham Palace et le bain de foule de la reine devant le palais. Rien de tout cela n'est conforme au protocole. Le clan des anciens a dû faire des concessions.

Camilla suit les obsèques de Diana à la télévision. Elle n'en croit pas ses yeux quand la reine descend dans la rue et incline légèrement la tête au passage du catafalque que suivent Charles, Philip, William, Harry et le comte Spencer. La souveraine ne l'avait jamais fait auparavant, pas même pour Churchill, son Premier ministre favori. Camilla trouve que ces funérailles ont un petit air de cérémonie des oscars avec la présence d'Elton John, George Michael, Tom Hanks et Steven Spielberg. Le chirurgien Hasnat Khan, l'un des derniers grands amours de la princesse, et Mohammed al-Fayed, le père inconsolable, effondré au bras de sa femme, Heini, sont également là ! Elle est surtout choquée par l'oraison funèbre au vitriol faite par Lord Spencer, neuvième comte d'Althorp, fils d'un ancien écuyer de la reine. Il s'en prend ouvertement à la famille royale : « Diana a prouvé qu'elle n'avait besoin d'aucun titre royal pour continuer à exercer sa magie personnelle [...] Je te promets que nous, ta famille de sang, nous ferons tout ce qui est en notre pouvoir pour perpétuer l'affection dont tu entourais tes deux fils exceptionnels ; afin que leurs âmes ne soient pas seulement immergées dans le devoir et la tradition, mais puissent s'exprimer en toute liberté, comme tu l'avais désiré. »

Devant deux milliards et demi de téléspectateurs, le frère cadet de Diana se revendique comme le protecteur de William et de Harry. Mais un Windsor n'échappe pas à sa destinée. Les deux jeunes princes resteront dans le giron de la famille royale.

La princesse est inhumée dans la plus stricte intimité dans le domaine d'Althorp, à l'écart du caveau familial des Spencer, sur une petite île au milieu d'un lac. C'est là qu'autrefois ses aïeux enterraient leurs chiens favoris.

En ce soir du 6 septembre 1997, à l'issue des obsèques, la modernisation de la monarchie est à l'ordre du jour.

L'institution apparaît – sociologiquement, politiquement et économiquement – déphasée par rapport à l'évolution de la société britannique. Le peuple voudrait qu'on lui offre autre chose qu'une dynastie désuète, avec ses carrosses dorés, ses châteaux aux richesses inestimables et son protocole rigide au point d'exiger de chaque Premier ministre qu'il sorte des audiences avec la reine à reculons en signe de respect. Les journées de septembre 1997 ont mis en évidence l'antagonisme opposant, d'un côté, l'Angleterre urbaine, jeune, aventureuse, multiculturelle, multiraciale, pro-européenne ; de l'autre, l'Angleterre rurale, tournée vers la nostalgie impériale et à l'abri des brassages. Charles incarne la première ; la reine, la seconde. Divorcée, maîtresse d'un héritier du trône, Camilla est à la charnière de ces deux mondes.

Autre point positif, la Dianamania devrait se réincarner en William qui, physiquement, rappelle tant sa mère. Autant les rapports d'Elizabeth étaient distants avec ses propres enfants, autant le prince Charles s'est toujours révélé un père aimant. William et Harry ont de nombreux points communs avec le futur roi : le goût de la campagne, l'amour des sports de plein air comme la chasse, le refus de la familiarité. S'il est une image du « septembre noir » qui reste gravée dans les esprits, c'est bien celle de William dans l'épreuve. Les yeux brillants, à peine humides, et une certaine raideur du maintien : dans le malheur, le jeune prince a réagi en futur souverain.

Quelques mois après la mort de Diana, l'ancienne liaison de Charles, Kanga Tryon, meurt à la suite d'une septicémie. Chez cette beauté australienne, la photo dédicacée du prince, son ancien amant, était toujours en évidence sur la table du salon. En 1979, le prince avait brutalement mis fin à sa relation avec elle. Charles n'assiste pas aux funérailles qui se déroulent dans la plus stricte intimité.

En l'espace de trois mois, deux des femmes les plus importantes dans la vie du prince ont disparu.

Une fois les fleurs fanées, les sanglots ravalés et l'icône Diana solidement accrochée au panthéon du romantisme sur papier glacé, la réalité reprend lentement ses droits, imposant quelques évidences. La monarchie britannique a survécu à l'accident du pont de l'Alma et, quoi qu'on en ait dit, l'ordre de la succession sera respecté : Charles III, l'actuel prince de Galles d'abord, William V, son fils aîné, ensuite. Chez les Windsor, on saute beaucoup de choses, mais pas les générations. Rien n'empêche le prince de Galles de régner tardivement.

Pas question toutefois pour Charles d'envisager d'épouser Camilla pour l'instant, même si Tony Blair, qui a rencontré à plusieurs reprises la compagne du prince, se répand dans le Tout-Londres pour en faire l'éloge. Alors que le prince considère que Camilla est la « partie non négociable » de sa vie, le duo devra continuer à se voir en catimini. Au lieu d'une voie royale, c'est un long parcours du combattant que devra entreprendre le prince pour convoler en secondes noces.

Son voyage en Afrique à l'automne 1997, escorté par

son fils Harry, sert de tremplin à la reconquête de l'opinion. Au Swaziland, Charles partage avec des danseurs en pagne une improbable mixture de maïs fermenté. Au Cap, il flirte avec les Spice Girls et prétend être l'un de leurs fans. En toutes circonstances, devant les danseuses aux seins nus du pays zoulou ou en rencontrant Nelson Mandela, le prince de Galles fait preuve d'un enthousiasme et d'une chaleur qu'on ne lui connaissait guère. Il abandonne le convoi officiel pour aller à la rencontre des populations. Il entoure Harry de son affection. À Johannesburg, il rend un hommage appuyé à Diana : « Les efforts qu'elle a consentis ont réellement amélioré la vie quotidienne des populations de ces régions. »

La métamorphose est frappante. Dans l'avion du retour, il s'entretient avec les journalistes qui découvrent un être apaisé, sorti de sa coquille protectrice, qui a perdu cet air mélancolique et lointain des pires heures de son mariage raté. Le retour du « prince du peuple » est en marche.

CHAPITRE 13

Réhabilitation

De nombreux fantômes célèbres hantent les salons du Ritz Hotel de Piccadilly. Sous les tapisseries d'Aubusson, on entend les rires de l'Agha Khan, d'Aristote Onassis et de Rita Hayworth. Charlie Chaplin surgit de derrière une caryatide, la canne de Charlot à la main. Churchill boit son cinquième whisky dans un fauteuil club. Un peu éméchée, Alice Keppel, qui inspire tant Camilla, se dirige vers l'ascenseur au bras d'Edward VII.

C'est au nom de ces souvenirs que le prince Charles a choisi le Ritz pour officialiser sa liaison devant la nation. L'occasion lui en est donnée par la party organisée en janvier 1999 au palace à l'occasion de l'anniversaire d'Annabel, la sœur de Camilla. Charles et sa compagne sont arrivés séparément en début de soirée. À vingt-trois heures, l'entrée de l'hôtel est assiégée par des centaines de journalistes. Avertis par le palais, ils savent qu'ils auront ce soir l'opportunité d'immortaliser Camilla au côté de Charles.

Des curieux viennent grossir les rangs des paparazzi. Toutes les lumières du Ritz, encore plus éclatant sous les feux des projecteurs, sont allumées comme pour fêter l'événement. La circulation sur Piccadilly est bloquée par des voitures de police.

La rumeur enfle : « Ils sortent. » Le couple fait son apparition en haut des marches. Portant une robe noire, Camilla est légèrement en retrait et paraît terrifiée par l'explosion des flashs. Visiblement plus à l'aise, Charles lui caresse affectueusement le coude pour la rassurer. Ils descendent lentement le perron, s'arrêtent pour les photographes et les télévisions, et s'engouffrent dans la Rolls à l'écusson du prince de Galles. Lorsque la voiture démarre lentement pour regagner St. James Palace, la résidence officielle du prince de Galles, le couple salue la foule d'un signe de la main.

Dix-huit mois seulement après la mort de Diana, encore au zénith de sa popularité, l'entreprise était à haut risque. Le pari est gagné : aux yeux du monde, Camilla est enfin devenue la compagne de Charles.

Le « coup » du Ritz est l'œuvre du nouveau directeur de la communication de la maison princière, Mark Bolland. Ce grand spécialiste des médias connaît bien les rouages de la presse populaire et ses dirigeants. Il sait qu'en offrant un scoop à un photographe, il pourra négocier qu'une photo gênante ne soit jamais publiée.

Cet as des relations publiques devient le nouveau gourou du prince de Galles déstabilisé. Le « Machiavel du prince » négocie avec les directeurs de journaux un accord qui prévoit de laisser William et Harry en paix jusqu'à la fin de leurs études. Ce fin stratège entend d'abord rétablir l'image de l'héritier du trône. Il met l'accent sur ses activités caritatives.

Un aspect de la nouvelle vie de la famille princière préoccupe l'opinion publique : Camilla saura-t-elle gagner la confiance de William et Harry ?

William traverse une période difficile de son adolescence. Très proche de sa mère, il a besoin d'être rassuré. À Eton, s'il est certes protégé de l'intrusion des médias, il a été très perturbé par la séparation et le divorce de Charles et Diana. Les révélations sur les aventures extra-conjugales de ses deux parents l'ont profondément choqué. Et bien qu'il connaisse son existence depuis plusieurs années, il n'a jamais eu de contact proche avec Camilla.

La chance va y remédier.

Avant d'aller au cinéma avec des camarades, William, qui a seize ans, est rentré au palais St. James pour se changer. Il rencontre par hasard la maîtresse de son père. Libérés du carcan du protocole, Camilla et William, installés côte à côte dans un profond sofa, font connaissance en buvant une limonade. Le courant passe.

Ce tête-à-tête imprévu est une aubaine pour Mark Bolland. Il alerte le *Sun* qui annonce avec une manchette géante : « Camilla rencontre Wills. »

Le directeur de la communication princière peut s'appuyer sur cet impromptu pour lancer l'opération « Parker Bowles » destinée à préparer l'opinion et la famille royale à un remariage du prince Charles.

Le cinquantième anniversaire du prince de Galles, en novembre 1998, offre une nouvelle occasion. Charles organise un dîner dans sa résidence de Highgrove auquel participent une centaine d'invités. La famille recomposée – William, Harry, Camilla et ses enfants –, ainsi qu'Andrew Parker Bowles et la nouvelle femme de ce dernier, sont rassemblés à la table d'honneur. Pour donner du lustre à l'événement, Charles a invité plusieurs membres de la famille royale – la princesse Margaret, le duc et la duchesse de Kent, les Gloucester –, les souverains espagnols et norvégiens, l'ex-roi Constantin de Grèce. Le prince William prononce le toast d'hommage à son père. Mark Bolland organise les fuites pour que l'harmonie familiale de cette soirée n'échappe pas à la presse.

En août 1999, Camilla part en croisière avec Charles et ses deux fils en mer Égée à bord de l'*Alexander*, le yacht d'un armateur grec. C'est William qui a suggéré à son père d'inviter sa compagne. Et Harry, jusque-là réticent, est également présent.

Le prince invite à dîner à Buckingham Palace d'importants mécènes américains du Prince's Trust, son association philanthropique. La reine a accepté d'ouvrir son palais, mais elle déserte la soirée. Il n'est pas question pour elle de se retrouver assise à la même table que Camilla. « Comme vous le savez, la reine est absente. Quand le chat n'est pas là, les souris dansent », ironise Charles. L'objectif de la soirée est de préparer la prochaine étape de l'opération : New York, terrain de prédilection de Diana. Le défi est énorme. La princesse de Galles, icône de la mode, avait conquis la métropole glamour.

Sur les conseils de Bolland, Camilla change de look. Un balayage de mèches plus blond, un coup de peigne savant, un maquillage confié à une professionnelle, une garde-robe renouvelée par les plus grands couturiers britanniques et un régime qui lui a fait perdre dix kilos. Quelques jours plus tard, c'est une Camilla métamorphosée qui débarque dans la « Grande Pomme », sans Charles.

Le prince paie de sa poche l'aller-retour de Camilla et de sa suite en Concorde, la location des limousines et la note du Carlyle, le célèbre palace *cosy* de Madison Avenue. Accompagnée par la crème de l'establishment newyorkais, Camilla visite des galeries d'art et assiste à une comédie musicale. Elle participe à une série de déjeuners et de dîners où elle fréquente les locomotives mondaines de Manhattan : Brooke Astor, Michael Douglas et sa nouvelle femme galloise, Catherine Zeta-Jones, Michael Bloomberg, Kofi Annan, Oscar de la Renta.... Les commentaires dans la presse sont élogieux. « Elle est exquise, pas du tout snob, intelligente et drôle. » Même le *New York Post*, le canard à potins de Rupert Murdoch, antimonarchiste de choc, doit en convenir : « Camilla est magnifique. Plus rien à voir avec le Rottweiler du passé. »

La réhabilitation est passée par New York et c'est un grand succès.

Charles et Camilla échangent leur premier baiser en public le 3 juin 2000 : elle sourit et le regarde droit dans les yeux, il lui prend gentiment le bras et l'embrasse sur la bouche.

Le prince Charles a désormais toujours une longueur d'avance sur la presse et il semble même se jouer d'elle. Il accepte ainsi de descendre dans la fosse aux lions en participant, en février 2001, au dixième anniversaire de l'organisme de régulation de la presse écrite, accompagné par William et Camilla. Cette dernière esquisse des sourires timides. Elle se faufile entre ceux qui l'ont tant tourmentée en échangeant des banalités. Elle n'est visiblement pas à l'aise lors de cette soirée qui lui semble durer une éternité. À la sortie de Somerset House, elle confie à sa sœur : « Je suis contente que ce calvaire soit terminé. » Chat échaudé craint l'eau froide. Pourtant, la presse du lendemain est élogieuse. « Mission accomplie », titre le *Sun*. James Whitaker, le vétéran des chroniqueurs royaux évoque la soirée : « Devant les médias, Charles et Camilla ont su s'imposer comme un couple qui vieillira ensemble. »

La vie privée des deux amants s'organise. Camilla loge trois fois par semaine dans les appartements du prince à St. James Palace. Tous les week-ends se déroulent à la campagne. Elle reste chez elle et s'efface lorsque William et Harry séjournent à Highgrove. Charles et Camilla s'aiment comme aux premiers jours.

Camilla est une femme de l'ombre peu faite pour les feux de la rampe. C'est à Highgrove qu'elle prend toute la mesure de son rôle de compagne du prince Charles. Elle dresse le plan de table, s'occupe du personnel et des arrangements floraux, gère le protocole, choisit une pièce de théâtre, un concert ou une manifestation à parrainer.

Le prince attend de ses invités qu'ils témoignent à sa compagne les mêmes égards qu'ils avaient prodigués naguère à la princesse de Galles. Quand elle apparaît, les convives en smoking et robe de soirée se taisent. Camilla s'assoit la première. Personne ne quitte la table avant qu'elle ne se lève. Ces exigences protocolaires pour celle qui n'est pas encore une épouse font grincer les dents de certains amis aristocrates du couple. Ces derniers l'ont baptisée ironiquement « la reine » (en français).

Charles et Camilla mènent grand train. Ils reçoivent avec panache. À Highgrove sont employés un valet, deux majordomes, quatre cuisiniers, huit femmes de ménage et chambrières et autant de jardiniers. Chaque invité a sa propre femme de chambre. Les plus grands crus sont au menu. Les liqueurs sont souvent suivies par un récital de musique et de poésie. Cet extravagant train de vie est critiqué par la reine, réputée pour la simplicité de ses goûts.

La position de Camilla relève de l'exercice d'équilibriste. D'un côté, elle vit avec le prince mais ne peut donner l'impression de mener la *dolce vita* aux crochets de l'État. Par exemple, si Charles utilise les appareils de la RAF, elle prend des vols commerciaux. Elle est automatiquement surclassée pour des raisons de sécurité et aussi pour éviter la curiosité des autres passagers, car elle déteste être dévisagée : « Je me sens comme dans un aquarium », dit-elle.

Les deux familles recomposées, Windsor et Parker Bowles, connaissent les mêmes difficultés. Ainsi, à quelques mois d'écart, Charles apprend que son filleul, Tom, le fils de Camilla, prend de la cocaïne et que Harry fume des joints. Amis de longue date, les quatre enfants, William, Harry et Tom, Laura, sont très proches. Quand la presse dévoile que Tom a voulu vendre de la coke à une journaliste lors du festival de Cannes, sa mère est effondrée. Le prince Charles le sermonne et l'oblige à abandonner sa carrière dans les relations publiques du cinéma, un milieu jugé trop sulfureux. Il lui conseille de devenir chroniqueur gastronomique, genre dans lequel Tom excelle. Par ailleurs, le futur roi emmène Harry, consommateur de cannabis, dans un centre de traitement des drogués. Très proche de Tom – ils ont le même cercle d'amis –, William a également droit à une mise en garde paternelle contre les dangers des stupéfiants.

Tout en s'inquiétant pour ses enfants, Charles se montre d'une surprenante générosité. Diana n'arrêtait pas de se plaindre de la pingrerie de son époux, et l'argent fut le nerf de la guerre qu'ils se livraient. Depuis son divorce, Camilla ne roule pas sur l'or. Elle a perdu une grande partie de ses économies dans le scandale de la faillite des Lloyds, institution britannique où l'élite a longtemps placé son argent. Le train de vie qu'elle mène aujourd'hui est entièrement financé par Charles qui règle le salaire de son chauffeur, de ses domestiques et de ses deux assistantes, l'entretien de son cheval et le coût de sa nouvelle garde-robe.

Charles est, il est vrai, un homme riche. Propriété traditionnelle de l'héritier de la couronne d'Angleterre depuis 1337, le duché de Cornouailles fait du prince l'une des plus grosses fortunes du royaume. Le succès commercial de sa compagnie de produits bio Duchy Originals a gonflé ses revenus. Grâce à l'envolée de l'immobilier et de la Bourse dans les années quatre-vingt, son portefeuille de biens et d'actions lui a permis de regarnir sa trésorerie mise à mal par son divorce.

La priorité du prince est désormais d'organiser une entrevue entre la reine et Camilla. La question divise la maison royale. Un premier groupe est représenté par les courtisans de la vieille école qui estiment qu'en aucun cas la souveraine ne doit rencontrer Camilla Parker Bowles, indésirable au palais depuis une vingtaine d'années. Toujours la même chanson ! À ce stade, s'il l'épouse, l'héritier du trône doit abandonner ses droits à la magistrature suprême au profit de son fils aîné William. Bien qu'elle apprécie Camilla en tant que personne, Elizabeth II ne lui a jamais pardonné d'avoir précipité la plus grave crise de son règne. La souveraine aurait préféré qu'elle soit cantonnée au rôle de « maîtresse royale », conformément à la longue tradition monarchique. Son attitude envers l'amie de Charles est résumée par son mari, le prince Philip : « Ne pas reconnaître une liaison qu'on désapprouve. »

Philip ne veut toujours pas entendre parler de Camilla. Ses relations avec Charles sont au plus bas. La publication d'une biographie « autorisée » du duc d'Édimbourg dans laquelle il traite son fils d'homme « précieux, extravagant et manquant d'assiduité à la tâche » crée une atmosphère délétère au sein de la famille royale.

Le prince Edward, qui a un différend avec Charles, est également hostile à Camilla. La société de production télévisée qu'il dirige a fait de la famille royale son fonds de commerce. Une de ses équipes a filmé sans autorisation William à l'université de St. Andrews. Furieux, Charles a traité son plus jeune frère de « con total ». Sophie, l'épouse d'Edward, a confié à un journaliste déguisé en cheikh que Camilla et Charles étaient « numéro un au hit-parade de l'impopularité ». Ambiance...

La reine mère est elle aussi opposée à toute régularisation de leur situation maritale. La vieille dame, qui a beaucoup d'influence auprès d'Elizabeth II, ne veut pas entendre parler de cette femme maléfique.

Face aux anciens, les modernes répliquent que le palais ne doit pas se mêler de la vie privée du prince Charles, que le concubinage est largement accepté aujourd'hui. La jeune garde regroupe, outre le nouveau secrétaire particulier de la souveraine, Robin Janvrin, William et Harry, l'évêque de Londres, ancien condisciple de Charles à l'université de Cambridge, Tony Blair et surtout l'ex-roi Constantin de Grèce.

Cousin du prince Philip, parrain de William, très apprécié de la reine, l'ancien monarque grec au geste rond et au verbe facile fait de facto partie de la famille royale. Cet homme charmeur, sans prétention, facile d'abord, invite la reine au barbecue que Charles organise pour lui à Highgrove. Toutes les têtes couronnées d'Europe ont répondu présentes à la fête donnée en l'honneur de l'ex-souverain. Elizabeth II tergiverse mais ne peut rien refuser à Constantin. À contrecœur, elle accepte de participer à cette fête dont elle sait que Camilla sera la maîtresse de cérémonie.

L'événement historique a donc lieu le 3 juin 2000. Après avoir embrassé l'ex-roi et Charles, la reine s'arrête devant Camilla, qui fait la révérence. La rencontre, quarante secondes montre en main, au cours de laquelle on devise aimablement de tout et de rien, est purement formelle. La glace est fondue. Les deux femmes se revoient à plusieurs reprises par la suite à l'occasion d'événements familiaux. En mai 2002, lors d'un dîner à Buckingham Palace, Camilla est même placée à côté de la reine.

Cependant, le mariage reste l'objectif numéro un de Charles. Malgré le décès, en 2002, de la reine mère, autre adversaire de taille de cette union, la souveraine hésite à donner son accord. Lors de la célébration de son jubilé d'or, elle autorise pourtant la compagne de son fils à s'asseoir dans la tribune royale, nouveau signe d'une officialisation progressive de leur relation.

Avant de parler remariage, il faut toutefois reprendre en main la maison princière totalement désorganisée. Michael Peat, directeur financier de Buckingham Palace, est nommé secrétaire particulier du prince. Le premier acte de ce petit homme chauve, qui cache sa poigne derrière son affabilité, est de limoger tout l'entourage de Charles. Même Mark Bolland, le maître de l'opération de réhabilitation médiatique de Camilla, doit partir. En effet, pour rehausser le prestige de Charles et de sa compagne, celui-ci n'a pas hésité à alimenter les querelles au sein de la famille Windsor. C'est lui qui a notamment révélé les indélicatesses du prince Edward et de sa femme. Il doit payer.

2003 sera-t-elle l'année de l'annonce du remariage ? Charles doit déchanter. Ce sera une nouvelle *annus horribilis*, une année princière maudite pour un héritier du trône dont la cote de popularité vacille à nouveau.

En novembre, George Smith, ancien valet de Charles, révèle avoir été violé dans les années quatre-vingt par Michael Fawcett, le domestique favori du prince. Surtout, le même accusateur affirme qu'un « membre important » de la famille royale aurait été impliqué, il y a quelques années, dans un incident « de nature sexuelle » avec un ancien domestique. Smith, affabulateur, alcoolique et de santé mentale fragile, a travaillé comme valet pendant onze ans au palais.

L'affaire prend une dimension nouvelle quand Michael Peat, le secrétaire particulier du prince, dément l'allégation « ridicule » et « risible » de Smith. En entrant dans la polémique, le secrétaire révèle que le membre de la famille royale en question était bien le prince Charles. Loin d'atteindre son objectif, ce démenti ne fait qu'attiser la curiosité des tabloïds et des sites internet. Dans sa manchette, *News of the World* s'interroge : « Charles est-il bisexuel ? » avant de répondre à la fin de l'article et en minuscules caractères : « Bien sûr que non. » Les journaux populaires s'offusquent des allégations, dont ils ne croient pas un mot, tout en leur consacrant des pages entières.

La rumeur, sans le moindre fondement, visant l'héritier du trône crée le chaos dans la presse. Seize journaux étrangers qui font état de ce que les médias britanniques couvrent abondamment sont interdits de distribution pendant deux jours.

Autre événement préjudiciable au couple : l'acquittement, en 2002, de Paul Burrell, l'ancien majordome de Diana, accusé de vol d'objets ayant appartenu à la princesse. Elizabeth II est intervenue pour éviter que Burrell soit appelé à la barre. Informé de tous les détails des amours clandestines du prince et de la princesse de Galles, il aurait pu dévoiler des informations embarrassantes pour la première famille du royaume. L'affaire Burrell tourne, cependant, au feuilleton avec la publication de ses mémoires. Le majordome y fait état de lettres écrites par le prince Philip à Diana, très critiques de la liaison entre son fils aîné et Camilla : « Je n'ai jamais cru qu'il puisse vous abandonner pour elle. Je ne peux imaginer quiconque en pleine possession de ses moyens vous quittant pour Camilla. Cette perspective ne m'a jamais traversé l'esprit. »

Toutes ces affres n'empêchent pas Charles et Camilla d'emménager à Clarence House, la demeure londonienne de feu la reine mère. La facture de la décoration du palais, dont s'occupe Camilla, à charge du contribuable, est jugée excessive. De surcroît, les indiscrétions d'un valet sur les habitudes du prince choquent l'opinion : un employé de maison doit-il vraiment tenir la fiole dans laquelle Son Altesse Royale urine pour des analyses médicales régulières ? Faut-il qu'un serviteur dépose chaque matin du dentifrice sur la brosse à dent du prince ?

« Pourquoi une secrétaire devrait-elle vouloir changer de métier ? Qu'elle reste à sa place. » Pour avoir adressé ce mémo, Charles est accusé d'élitisme. Ses relations, jusque-là chaleureuses, avec Tony Blair se détériorent quand le prince défend la chasse à courre et s'oppose à la suppression des pairs héréditaires de la Chambre des lords. À l'évidence, l'influence grandissante de Camilla renforce, l'âge aidant, les réflexes conservateurs de Charles. Il semble moins à l'écoute de ses conseillers de gauche, issus du mouvement écologique ou associatif.

Malgré ces revers, Charles, qui ne démord pas de ses projets de mariage, veut se fiancer au plus vite. L'enquête présidée par Lord Stevens sur les circonstances de la mort de la princesse Diana et de Dodi al-Fayed doit rendre ses conclusions à l'automne 2005. Le prince doit être entendu par l'ex-chef de Scotland Yard. La reine lui demande d'attendre. Elle est persuadée que la publication du rapport officiel britannique ne manquera pas de disculper la famille royale, alors que Mohammed al-Fayed accuse les Windsor d'avoir dirigé un complot visant à empêcher un musulman d'épouser la mère du futur roi d'Angleterre.

Un incident précipite toutefois les choses. En novembre 2004, Elizabeth II assiste à Chester au mariage de Lady Tamara Grosvenor, fille du duc de Westminster, avec Edward Van Cutsem dans l'église d'Eaton Hall. Un grand événement mondain. Le duc est un ami d'enfance du prince Charles. La duchesse est la marraine du prince William. L'assistance est essentiellement constituée du ban et de l'arrière-ban de la noblesse d'Angleterre, princes, ducs, marquis, comtes et barons. Selon l'étiquette, Charles doit être placé aux côtés de ses parents et de ses fils, tandis que Camilla sera reléguée dans une autre aile de la cathédrale. Une humiliation pour Camilla ! En signe de protestation, le prince boycotte les noces. Les tabloïds font leurs choux gras de l'embarras de la souveraine.

Elizabeth II prend enfin acte du ridicule de la situation. Après trente-quatre ans d'une liaison en pointillé, elle lève son veto au mariage de Charles et Camilla. Grand-mère attentive, la reine a surtout tenu compte de la volonté de ses petits-enfants, William et Harry. Elle redoute aussi que l'imbroglio conjugal de Charles ne transforme sa propre succession en comédie de boulevard. Les choses rentrent donc dans l'ordre. Le royaume est satisfait. La nature de la monarchie est dictée par l'histoire, pas par la raison. La dynastie non seulement survivra mais sortira renforcée de ce dénouement heureux.

Le 12 février 2005, dans un communiqué de cinq lignes, le palais annonce que le prince Charles, cinquante-six ans, divorcé et veuf, épousera le 8 avril Camilla Parker Bowles, cinquante-sept ans, également divorcée, dans la chapelle St. George du château de Windsor. La reine le tolère, l'Église anglicane l'accepte, la classe politique l'approuve.

Camilla deviendra duchesse de Cornouailles. C'est l'un des titres les moins prestigieux des distinctions nobiliaires de Charles. La seule résidence officielle dans cette région déshéritée et isolée du Sud-Ouest anglais sont les ruines du château de Tintagel, là où est né, selon la légende, le roi Arthur. Les quelques pittoresques privilèges féodaux dont bénéficie le titulaire, comme la propriété des baleines échouées sur les deux cents kilomètres de côtes ou le droit de lever un impôt sur les vins importés, sont tombés en désuétude.

Camilla, duchesse de rien ? Elle a choisi de ne pas devenir princesse de Galles pour ne pas rappeler le souvenir de Diana. Sans aucun rôle constitutionnel, on l'appellera Son Altesse Royale. Dieu merci, elle n'est pas catholique, car dans ce cas Charles aurait dû renoncer au trône. Le catholicisme est la seule religion explicitement exclue de la succession. Les fiancés reçoivent les vœux chaleureux de bonheur de la Terre entière. Seul le comte Spencer, le frère de Diana, s'abstient de tout commentaire.

Ils se sont aimés, séparés, sont devenus meilleurs amis, ont convolé en justes noces, ont trompé leurs époux respectifs, ont tous deux été trompés, ont divorcé, se sont retrouvés. L'amour du couple a survécu aux années et aux écueils de la vie.

En se fondant sur l'astrologie chinoise, leur avenir s'annonce heureux : il est du signe du rat, elle de celui du cochon. Les astres sont formels : les « deux vieux connards », comme Camilla s'amuse à surnommer son propre couple, vieilliront ensemble.

CHAPITRE 14

Bonheur

Le 9 avril 2005, Windsor est en fête. Le futur roi va épouser Camilla dans la mairie de cette petite ville sur les bords de la Tamise, située à une quarantaine de kilomètres de Londres.

Pourquoi dans cette cité moyenâgeuse ? Parce qu'elle est à la fois le symbole de la royauté et le cœur géographique des intrigues du trio pendant toutes ces années. Et Windsor fut la principale résidence des souverains d'Angleterre du XIe au XVIIe siècle. C'est ici, au XIVe siècle, au cours d'une réception donnée par Edward III, que la comtesse de Salisbury perdit l'une de ses jarretières en dansant avec le roi. Le monarque la ramassa en s'écriant : « Honni soit qui mal y pense », devenu la devise de la royauté. En 1917, George V adopta le nom de Windsor pour faire oublier à ses sujets, en pleine guerre contre l'Allemagne, l'origine germanique de la lignée Saxe-Cobourg dont il était un des descendants. L'immense forteresse médiévale avec ses créneaux et ses tours est encore la résidence de week-end d'Elizabeth II, après avoir été celle de la glorieuse reine Victoria.

Un ménage à trois

Voici pour le dépliant touristique.

Pour les amateurs du *soap opera* royal, Windsor est avant tout le terrain de polo où Charles et Camilla se sont rencontrés par une journée pluvieuse de l'été 1971. Les jeunes amants se sont souvent retrouvés à l'hippodrome d'Ascot, à deux pas de là. Peu sensible aux fragrances capiteuses du crottin de cheval, Diana fréquentait, elle, les aristocratiques régates de Henley-on-Thames, à proximité de Windsor, auxquelles participe l'élite mondiale de l'aviron. Au château, Charles demanda sa main à Diana, toute jeune fille à la virginité certifiée. Enfin, William, Harry et Tom Parker Bowles ont usé leurs fonds de culotte sur les bancs du collège privé d'Eton, tout proche, sur l'autre rive de la Tamise.

En ce 9 avril 2005, dans l'Ascot Room, la petite salle de l'hôtel de ville, le marié passe l'anneau au doigt de son ex-maîtresse. Une trentaine d'invités seulement assistent à la cérémonie, « simple et familiale », célébrée par un officier d'état civil. La reine, gouverneur suprême de l'Église d'Angleterre, a fait savoir qu'elle n'assisterait pas à la cérémonie civile. Elle ne reconnaît que les mariages religieux. C'est pourquoi une autre « cérémonie » suit dans la chapelle St. George du château de Windsor. Ce n'est pas un mariage au sens strict, puisqu'ils sont divorcés. Charles et Camilla prononcent l'un et l'autre des paroles de repentance pour leurs adultères respectifs et passés. L'archevêque de Canterbury bénit leur union : « Charles et Camilla, vous êtes en présence de Dieu, comme mari et femme, pour lui dédier votre vie commune. »

Camilla a tout planifié. La robe, très simple, signée Robinson Valentine, le chapeau Philip Tracey, ni trop large ni trop complexe, la coiffure Hugh Green sans excentricité aucune, sont conformes à son souhait d'une union dénuée de pompe. Elle cherche à ne pas singer Diana qui avait fait de l'élégance vestimentaire sa marque de fabrique. Elle ménage la partie de l'opinion qui la tient responsable de la ruine d'un conte de fées princier et l'a affublée du sobriquet insultant de « Cowmillia », allusion à *cow* (vache).

Lors de la réception qu'elle offre plus tard dans la soirée à quelque deux cents invités dans les appartements de Windsor, la reine fait un pas en direction de Charles, lui adresse tous ses vœux et exprime sa fierté d'avoir un tel fils. Le cœur, visiblement, n'y est pas. Les multiples controverses sur la date, le lieu, la légalité de cette cérémonie, la liste des invités, tout comme le titre de Camilla ont profondément irrité Elizabeth II. La reine aurait voulu différer le mariage après les élections générales prévues pour mai. En outre, à cause des funérailles de Jean-Paul II, le mariage a déjà été reporté d'une journée.

Enfin, Charles a refusé un mariage morganatique qui n'aurait donné à Camilla qu'une partie des droits afférant à l'épouse du monarque. Une telle union l'aurait transformée en une sorte de First Lady à l'américaine, dépourvue de tout rôle constitutionnel. Charles tient à ce que Camilla puisse porter le titre de reine lorsqu'il montera sur le trône. Et les Britanniques commencent à se faire à cette idée, au plus grand déplaisir de Sa Majesté.

La mariée n'a pas voulu d'un voyage de noces dans un endroit exotique, comme l'avaient fait Diana et Charles. Elle a préféré un séjour en Écosse, dans l'intimité de Birkhall Castle, l'ex-résidence de vacances de la reine mère, dont son mari a hérité.

Le mariage permet à l'institution monarchique de redorer son blason. Cette union marque un nouveau départ pour le prince Charles. Elle lui offre la possibilité de se rapprocher du peuple comme il n'a jamais réussi à le faire jusque-là. Comment s'y tromper quand, carrément blessante la veille du mariage, la presse populaire donne soudain une image positive de la nouvelle duchesse de Cornouailles ? Les commentaires élogieux sur la tenue de la mariée mesurent le chemin parcouru. Même les plus irrévérencieux des chroniqueurs n'évoquent plus le look « chevalin » de Camilla qui l'avait fait figurer en 1995 à la tête du classement des « femmes les plus mal habillées » d'Angleterre.

Les débuts de Camilla à l'occasion du *Trooping the Colour*, la célébration, en juin 2005, de l'anniversaire de la reine, sont pourtant difficiles. On lui a bien fait la leçon : se tenir droite, les jambes parallèles, le poids du corps distribué de manière égale, porter son sac à la coudée du bras, sourire aux caméras et saluer la foule en faisant tourner la main d'un mouvement de rotation royal, « comme pour dévisser une ampoule électrique ». Et *last but not least*, marcher toujours deux pas derrière son époux. Elle fait tout de travers. La silhouette est guindée, le sourire crispé, le salut maladroit.

Charles affirme avoir appris son métier de roi comme les singes, en regardant sa mère. Cette fois, c'est au tour de Camilla. Pour progresser, la duchesse dispose d'au moins trois atouts : son expérience de la vie princière, son pragmatisme et l'indéfectible soutien de Charles. Quelques mois plus tard, à l'occasion d'une visite officielle, seule, à l'hôpital de Southampton en sa qualité de présidente de l'Association nationale de lutte contre l'ostéoporose, la duchesse est parfaite. Elle est habillée d'un tailleur rose, sa couleur préférée, qui a également l'avantage de la rendre facilement repérable. Comme la reine, elle a fait lester de plomb les ourlets et son chapeau pour résister aux coups de vent. À l'inverse de sa nouvelle belle-mère, elle embrasse la petite fille qui lui fait la révérence en lui remettant un bouquet de fleurs.

Elle fait un tabac.

C'est aussi le cas lors de la visite aux victimes des attentats de Londres, le 7 juillet 2005. Quand un ambulancier se déclare impressionné par le courage des blessés de la station de métro Edgware Road, elle trouve les mots justes : « Je suis fière d'être britannique. » Les journaux rivalisent de superlatifs.

Le mariage a métamorphosé le prince qui a retrouvé le sourire en public. Pour ne pas éclipser son mari, Camilla se cantonne à quelques domaines qui lui sont chers : la sauvegarde du patrimoine, les arts, la médecine, la protection de la nature. Le soutien aux armées lui tient également à cœur. Lors de la commémoration de l'armistice, elle arbore fièrement le coquelicot rouge à la boutonnière, symbole du sacrifice des soldats. Elle n'oublie jamais d'envoyer une lettre manuscrite de condoléances aux familles des militaires tués en Afghanistan, ni d'offrir une bouteille d'un très vieux whisky aux grands blessés de ce conflit. Son attachement aux armées est aussi lié au souvenir de feu son père, Bruce Shand, héros de la victoire d'El-Alamein, en 1942, contre Rommel. Elle admire l'indomptable courage de Churchill qui, dans l'adversité, n'avait rien d'autre à offrir à la nation assiégée que « des larmes et du sang ». Lors de la cérémonie de remise des barrettes d'officier au prince Harry, à l'académie militaire de Sandhurst, en 2006, elle accepte exceptionnellement de poser pour le peintre Sergei Pavlenko avec la famille royale.

En revanche, contrairement à son mari, la duchesse de Cornouailles est étrangère à toute forme de spiritualité. Le prince est fasciné par les aspects sacrés du soufisme musulman, de la liturgie chrétienne du Moyen Âge et du mélange d'art et de musique du culte orthodoxe. Lors d'une croisière dans les îles grecques, à l'automne 2005, Charles délaisse sa femme pour s'enfermer plusieurs jours au Mont-Athos en compagnie des moines orthodoxes afin de discuter philosophie. Anglicane mais cryptocatholique de par son premier mariage, Camilla est une pratiquante irrégulière, même si elle apprécie cantiques et sermons.

Les jeux politiques ne l'intéressent pas. Elle estime que le prince de Galles doit rester neutre, à l'exemple de

la reine. En effet, l'activisme de Charles, particulièrement dans le domaine social et religieux, lui vaut bien
des critiques. Lorsqu'il s'en prend aux grands lobbies –
architectes, pétroliers, médecins, prélats anglicans – ou à
la City, les perfidies fusent pour prix de son audace.
Même Camilla trouve qu'il confond trop souvent action
et agitation, dynamisme et éparpillement.

La duchesse de Cornouailles préférerait que son mari
s'en tienne à ses activités caritatives. Elle est particulièrement intéressée par le Prince's Trust, organisme d'aide
aux jeunes en rupture avec la société, élèves en retard
scolaire, chômeurs en fin de droits, ex-détenus ou adolescents en famille d'accueil. Dans ce rôle bien plus que
dans le domaine politique, Charles peut exercer son don
d'empathie avec les malheurs du monde. Toujours élégant, la voix douce, la diction distinguée, avec parfois ces
hésitations de langage très caractéristiques de la haute
société britannique, le prince est pourtant de plain-pied
avec un auditoire blessé par la vie. Il a cette vertu de
pouvoir allier commisération et respect.

Le Prince's Trust est au cœur d'un réseau d'une
vingtaine d'associations philanthropiques créées par le
futur Charles III depuis la fin de sa carrière d'officier de
marine, en 1976. Il avait alors versé sa solde de départ à
un programme d'aide aux jeunes déshérités. L'assistance
à la jeunesse, la défense de l'environnement, la promotion de l'entreprise citoyenne, les médecines parallèles
sont les quatre piliers de son action. Cette organisation
est à des années-lumière de l'Armée du salut. Il ne donne
pas d'argent, mais de son temps.

En tant que souverain constitutionnel, celui qui se définit comme un « dissident politique » − formule volontairement provocante quoique fort éloignée de la réalité − devra se contenter d'exercer son commandement sur les esturgeons, les cygnes et les baleines, derniers vestiges de la prérogative royale !

Le contraste est saisissant entre la pompe de Buckingham et la modestie de St. James Palace qui accueille le cabinet du prince Charles et de la duchesse de Cornouailles. Avec ses plafonds bas, ses scènes de chasse et ses chinoiseries, l'endroit dégage une impression de cottage. Ce cadre chaleureux est là pour rappeler que, traditionnellement, la cour de l'héritier est sans commune mesure avec celle du monarque. Sa seule fonction est, en effet, d'attendre.

La question de l'abdication de la reine, octogénaire, n'est pas à l'ordre du jour. Une souveraine britannique ne rend pas sa couronne. À l'instar de la reine Victoria, son modèle, qui a régné pendant soixante-quatre ans, Elizabeth II a une conception religieuse des devoirs de sa charge. Petit à petit, on se dirige vers une régence progressive du royaume marquée par l'octroi d'obligations à l'héritier et à sa nouvelle épouse : remises de décorations, réceptions de dignitaires étrangers, voyages officiels lointains, soutien aux armées. Si la souveraine vit aussi longtemps que sa propre mère, décédée à cent un ans, elle sera encore reine en 2027 ! Charles aura alors soixante-dix-neuf ans. Étonnante perspective : un presque octogénaire qui entame enfin sa carrière de roi...

Aux côtés de la duchesse de Cornouailles, le futur Charles III vit de fait au milieu d'une petite Cour dont il édicte lui-même l'organisation. Dans un premier cercle figurent ses conseillers, une chevalerie qu'il a lui-même choisie et sur laquelle il assoit son pouvoir. Viennent ensuite les responsables de son réseau philanthropique qu'il a adoubés et qui tiennent toute leur légitimité de lui. Enfin, la famille, les amis et connaissances empressés à devancer ses pensées, ses désirs ou ses volontés. Financièrement indépendant, à l'inverse de ses frères et de sa sœur, l'héritier du trône gère son temps loin des soucis quotidiens mais en rêvant de grandeur, pour son pays et pour lui-même.

Dans le même temps, en son for intérieur, la reine s'interroge sur sa nouvelle belle-fille. Depuis la mort de Diana, la souveraine a su apprécier sa dignité. Elle n'a jamais donné d'interview à la presse. Personne n'a réussi à arracher la moindre confidence, la moindre révélation à cette grande silencieuse du clan Windsor. Même à ses amies, elle ne se livre guère. À l'inverse de son époux et de Diana, elle n'a pas publié sa version du ménage à trois, qu'elle emportera sans doute dans la tombe. De plus, Camilla, qui assume son âge, ressemble à la reine. Toutes deux préfèrent *Country Life* à *Vogue*. La décoration de Clarence House – tentures, canapés, coussins chintz à motifs floraux – ne déparerait pas à Balmoral ou à Sandrigham.

Leur passion commune pour les chevaux est légendaire. C'est à l'initiative de la duchesse que Charles a acheté une pouliche de deux ans, appelée Royal Superelative, point de départ d'une écurie de pur-sang aux armes du prince de Galles. Comme Elizabeth II, Camilla s'est inscrite au Women's Institute, mouvement rural féminin fondé en 1915, « pour conserver une Angleterre verdoyante et aimable ». La duchesse est membre de la section de Tedbury, le bourg voisin de Highgrove. Ici, on appelle encore la châtelaine « Lady », l'épouse du médecin « Madame » et la fermière par son prénom.

Enfin, la souveraine est consciente que ses petits-enfants Harry et William ont accepté leur nouvelle belle-mère.

C'est sans doute pourquoi, dès juillet 2005, la reine a autorisé Camilla à associer dans ses armoiries de duchesse de Cornouailles le lion des Windsor au sanglier des Bruce Shand.

Toutefois, Camilla n'est jamais à l'aise avec Sa Majesté. Peu de femmes, au demeurant, le sont avec cette personnalité qui préfère la compagnie des hommes, déteste les conversations féminines et considère les épouses un peu comme des appendices de leurs maris.

Camilla s'en méfie. La duchesse perçoit une certaine hostilité chez la souveraine quand elle appelle son mari « mon chéri », lui prend la main ou le bras, lui montre de la tendresse en public.

D'ailleurs, Elizabeth II remet rapidement à leur place le dauphin et son épouse. Sans les prévenir, elle chamboule le classement protocolaire des membres féminins de la famille royale. En effet, en vertu d'une étiquette remontant à la nuit des temps, les épouses de ses fils passent avant sa propre fille. Le chef de l'État abolit cette règle, ce qui rétrograde Camilla de la deuxième à la quatrième place dans l'ordre de préséance.

À ceux qui s'étonnent de ce camouflet infligé à sa belle-fille, la reine répond qu'une duchesse n'est pas une princesse, un point c'est tout. Le 12 décembre 2005, elle récidive en faisant savoir que le nom de la duchesse ne doit pas être inclus dans la prière dominicale récitée dans les églises d'Angleterre et du pays de Galles. Et la souveraine oublie même d'évoquer le mariage princier dans son message de Noël, le 25 décembre 2005. Par ailleurs, la duchesse n'a pas accès aux « boîtes rouges », les valises officielles contenant les télégrammes diplomatiques, rapports des services secrets et documents d'État. Peu attachée aux signes extérieurs du pouvoir, Camilla n'y prête guère d'importance. Elle accepte que les conseillers de son mari gèrent son emploi du temps.

En revanche, elle encaisse moins bien les tourments qu'elle doit endurer de la part des milieux les plus conservateurs de la Cour ou de membres de la famille royale jaloux. Ses ennemis au sein même de l'establishment distillent des ragots à tout propos avec la seule intention de l'embarrasser. Il suffit d'un mot malheureux, d'un voyage qui patine, d'un petit dérapage véniel pour qu'aussitôt le « cercle magique » s'apitoie hypocritement sur le destin de cette « pauvre duchesse ».

Ainsi, le premier voyage officiel du couple aux États-Unis en novembre 2005 tourne à l'épreuve de force avec les médias. Pour assurer le déplacement d'un entourage de seize personnes, sans compter les gardes du corps, Clarence House affrète un Boeing 757 dont la facture est à la charge du contribuable. La duchesse est accompagnée de sa coiffeuse, sa maquilleuse, son habilleuse, sa secrétaire particulière et quarante tenues différentes pour les vingt et une manifestations prévues. Charles emmène deux valets, un majordome, son médecin personnel, trois bagagistes et deux conseillers chargés de la presse. L'ambassade britannique de Washington est mobilisée jour et nuit. La maison princière fait valoir que la suite accompagnant Leurs Altesses est identique à celle qui avait suivi Charles et Diana outre-Atlantique, vingt ans plus tôt. À l'exception des frais de transport, toutes les autres dépenses sont prises en charge par la caisse princière. Rien n'y fait, les dents grincent du côté de la Chambre des communes. Mais c'est surtout le souvenir de Lady Di virevoltant avec John Travolta qui fait de l'ombre à Camilla.

À l'inverse de son précédent voyage sans Charles à New York, les chroniqueurs américains la trouvent cette fois plutôt « mal fagotée ». De la même manière, au cours d'une autre visite officielle, en Égypte, son châle de grand-mère fait pâle figure avec le souvenir de l'étole portée par Diana vingt ans plus tôt.

Les milieux les plus traditionnels ne pardonnent pas à la duchesse d'avoir fait de la monarchie un objet de dérision. Ce sont les mêmes qui n'oublient pas qu'au moment du Camillagate, en 1993, Mick Jagger était apparu à la télévision américaine déguisé en valet royal présentant une boîte de Tampax sur un plateau d'argent à un sosie de Camilla. Aujourd'hui, le chanteur est anobli et Camilla duchesse royale. Les affronts d'autrefois ont été pardonnés. Mais ils lui reprochent également d'avoir persuadé son époux d'abandonner ses costumes sur mesure de Savile Row au profit du prêt-à-porter, au demeurant le plus haut de gamme, deux fois moins cher et plus en phase avec le temps.

La presse accuse aussi le couple de profiter à l'excès des avantages de sa position. Charles et Camilla vont et viennent selon leur bon plaisir, insouciant de la logistique qu'imposent leurs déplacements, de leur coût et des désagréments qu'ils occasionnent. Qui d'autre que le prince peut se faire servir sept œufs à la coque afin de choisir dans le lot celui dont la cuisson est la plus à son goût ?

Les tabloïds n'épargnent pas non plus la duchesse. Ils l'accusent d'être une paresseuse congénitale, facilement irascible, n'arrêtant pas de déplorer la charge de son programme officiel. La presse de caniveau lui reproche son goût prononcé pour les vins français et le gin-tonic.

Il n'y a pas que la presse pour épingler le couple, même le pouvoir politique s'y met. Gordon Brown a remplacé Tony Blair en juin 2007. Le couple et le nouveau Premier ministre, fils d'un pasteur presbytérien écossais, rigoriste et coincé, n'ont aucun atome crochu. Lorsqu'il était chancelier de l'Échiquier, entre 1997 et 2007, Brown avait ouvert une enquête sur le statut fiscal du duché de Cornouailles, la tirelire personnelle de l'héritier du trône. Lorsque la presse révèle que le prince Harry a traité de « paki » l'un de ses compagnons d'armes de l'académie militaire de Sandhurst, Gordon Brown n'a accordé que du bout des lèvres « le bénéfice du doute » à celui qui occupe la troisième place dans l'ordre de succession.

Autre sujet d'irritation du Premier ministre : alors que la tornade financière déferle sur la planète, que l'économie britannique plonge dans la pire récession depuis la guerre et que les licenciements et les saisies immobilières se multiplient, le prince s'en tient à un discours écologiste. Il joue même le provocateur. « J'aime jeter un pavé dans la mare et observer les remous, avec l'espoir qu'il en sortira quelque chose de positif », a-t-il déclaré un jour. Pour Brown, ce comportement est infantile.

La duchesse est aussi une source de risée au théâtre et dans les pubs. En 2006, le scénariste iconoclaste Toby Young a écrit un vaudeville irrévérencieux, *A Right Royal Farce*, qui se déroule après la mort de la reine Elizabeth. On y voit le prince Harry utiliser sa petite amie pour piéger son père et l'empêcher de monter sur le trône. Un téléfilm, *Charles et Camilla, Whatever Love Means*, la montre sous les traits d'une nymphomane.

Pour couronner le tout, le spectre de Diana revient hanter Charles et Camilla. À Clarence House, le prince a été contraint de répondre aux questions de Lord Stevens, ex-chef de Scotland Yard en charge de l'enquête officielle sur la mort de son ancienne épouse et de Dodi al-Fayed. Le policier lui a montré la photocopie d'une lettre écrite par la défunte dix mois avant son décès, dans laquelle elle soupçonnait son ex-époux et son entourage de planifier son assassinat dans un accident de la circulation pour pouvoir se remarier.

« C'est tout simplement absurde. » L'interrogatoire du prince Charles à son domicile n'a pas manqué de piquant. Clarence House est en effet dédiée au duc de Clarence, le frère du roi George V, soupçonné par beaucoup d'être Jack l'Éventreur. P.D. James aurait pu en faire un thriller...

Au terme de l'investigation, Henri Paul, le chauffeur de la Mercedes, et les paparazzi ont été déclarés responsables de l'homicide par imprudence ayant causé la mort de la princesse Diana et de son amant. Le jury a écarté la thèse du complot, défendue par Mohammed al-Fayed, selon laquelle la Cour voulait empêcher Diana d'épouser son fils.

Durant cette période difficile, Camilla reste stoïque. Elle ne se plaint jamais. Sa famille est son refuge. « Elle a été et demeure une mère exemplaire », insiste son fils, Tom Parker Bowles. Elle est désormais grand-mère. C'est une *granny* aimante qui change les couches et donne le biberon.

Les avatars de la vie princière n'ont pas empêché la duchesse de Cornouailles d'entrer dans le saint des saints des célébrités : le musée de cire de Madame Tussaud. Sa statue a été placée dans l'espace réservé à la famille royale, à côté de son époux, de William et de Harry. Face à elle, à environ quatre mètres de distance, se trouve la princesse de Galles.

Le ménage à trois est immortalisé à jamais… dans la cire.

CHAPITRE 15

Dîner officiel

Le menuet du château de Windsor est minutieuse-
ment codifié. L'invité est d'abord reçu par un majordome. Un valet de pied le passe ensuite à un militaire,
qui le glisse successivement à la dame de compagnie de
la souveraine et au maître de cérémonie. Enfin, un huis-
sier l'introduit dans l'immense salle de réception, la
Waterloo Chamber, où cent quarante-huit convives
prennent l'apéritif. Pour célébrer la première visite
d'État du président Sarkozy et de son épouse Carla
Bruni au Royaume-Uni, ce 27 mars 2008, les hommes
sont en queue-de-pie et les femmes en robe longue.

Les invités suivent sagement la file pour être présen-
tés au couple royal et à ses hôtes français. La reine Elizabeth II sourit avec bienveillance et tend une main,
très molle, gantée de blanc. Elle est habillée d'une robe
beige clair et porte un diadème de diamants. Arborant
l'ordre britannique de chevalier grand-croix honoraire
de l'ordre du Bain, qui lui a été remis dans la matinée
par la souveraine, Nicolas Sarkozy avance, lui, une main
ferme. Légèrement en retrait, la première dame de

France est vêtue d'un fourreau bleu marine Dior (dont le directeur n'est autre que le couturier britannique John Galliano) très élégant. Le duc d'Édimbourg lui glisse quelques mots à l'oreille. Elle esquisse un sourire timide.

Ancien top-model devenue chanteuse à succès, Carla n'est pas inconnue en Grande-Bretagne. Une femme qui a tenu dans ses bras Eric Clapton et Mick Jagger ne peut pas passer inaperçue à Londres. Sans son mariage, qui date d'un mois à peine, l'interprète de *Quelqu'un m'a dit* n'aurait pas été admise à Windsor. Bombardée première dame de France, l'égérie des pop-stars et des philosophes germanopratins doit affronter une épreuve de haute école protocolaire : l'échange de banalités avec Sa Très Gracieuse Majesté. Test passé haut la main par l'auteur du tube *T'es ma came*. La souveraine est séduite.

À l'arrivée en carrosse au château surplombant la Tamise, chapeautée d'un bibi à la Jackie Kennedy et vêtue d'une redingote ceinturée, Carla a fait devant la reine une révérence impeccable et gracieuse, une génu-flexion brève et naturelle, alors que l'étiquette ne l'exige pas des visiteuses étrangères.

En connaisseuse, Elizabeth a apprécié. Alors que la presse tabloïd a publié le jour même des photos de Carla nue du temps où elle était mannequin, la Cour ne tarit pas d'éloges sur la discrétion de ses tenues. La pre-mière dame de France s'adresse à Elizabeth II dans un anglais parfait, volant parfois au secours de son mari qui malmène la langue de Shakespeare. Le sourire carnassier de Carla a laissé place à un masque de retenue et de modestie.

Seuls bémols, à la sortie de l'avion, Carla portait un manteau gris. Or, trop proche du noir réservé au deuil, le gris est une couleur mal venue à la cour d'Angleterre. Et lors du passage en revue des troupes, elle s'est mise dans le sillage de son mari. La reine l'a gentiment retenue : c'est un privilège réservé aux hommes. Erreurs bénignes.

La salle à manger, le St. George's Hall, au plafond de chêne en forme de carène renversée, où figurent les blasons de l'ordre de la Jarretière, perpétue le faste royal. L'immense table d'acajou, autour de laquelle les convives prennent place, croule sous l'argenterie et les candélabres. Chaque invité a six verres à sa droite, et non pas devant son assiette comme en France, placés suivant l'ordre dans lequel les boissons sont servies : champagne, vin blanc, vin rouge, eau et porto. Les couverts sont estampillés du monogramme royal. Les assiettes sont en argent. Des bols de fruits ont été placés à intervalles réguliers. Les bouquets de fleurs n'empêchent pas de voir les vis-à-vis distants d'au moins trois mètres. En revanche, raides comme un *i* sur leur siège, serrés, les invités se touchent presque et sont obligés de garder les coudes le long du corps.

Trouver sa place est un exercice compliqué. Heureusement, les différents membres de la famille royale, disposés tous les vingt invités, servent de repères. Les

Windsor sont les seuls à ne pas avoir à consulter le plan de table : le protocole des grands dîners royaux offerts aux illustres chefs d'État étrangers est, en effet, immuable. Pas de place à l'improvisation.

L'orchestre des gardes royaux irlandais entonne la marche des *Folies-Bergère* de Paul Lincke, en hommage à l'hôte de marque. Le cortège royal fait son entrée. En tête, la reine montre le chemin au président Sarkozy, un peu perdu dans ce cadre grandiose. Suivent le duc d'Édimbourg et le prince de Galles, escortés des deux femmes sur lesquelles se portent les regards, Carla et Camilla... Tout le monde se lève. La reine s'assoit. Nicolas Sarkozy est placé entre Elizabeth II et Camilla ; son épouse entre le prince Charles et le prince Philip.

Camilla est vêtue d'une robe beige en dentelle, au décolleté discret, elle porte un collier à triple rang en diamants et une tiare royale.

En face d'elle, Carla la regarde. Elle s'interroge sur l'attrait qu'exerce Camilla sur Charles. Comment a-t-il pu délaisser Diana pour elle ? Le film *Trop belle pour toi* de Bertrand Blier donne peut-être une réponse. Marié à Carole Bouquet, Gérard Depardieu tombe éperdument amoureux de Josiane Balasko. « Qu'est-ce qu'elle a de plus que moi ? Elle fait des trucs que je ne fais pas ? » demande Carole Bouquet à son époux. On croit entendre Di, révoltée par l'emprise de Camilla sur Charles aux pires heures de leurs disputes conjugales.

Si cette emprise n'avait pas été si forte, Diana aurait été la voisine de table du président français. La princesse de Galles aurait disputé la vedette ce soir-là à la première dame de France. Car les deux femmes ont beaucoup de points communs. Toutes deux sont des icônes glamour. La princesse de Galles, elle, avait un sourire radieux, de la classe et de la prestance, à l'image de Carla. On ne compte plus les unes des magazines féminins consacrées à la princesse et au top-model italien. Habituées à vivre sous une constante observation, Diana comme Carla ont toujours su apprivoiser les caméras. Les mêmes photographes de stars – Mario Testino ou Patrick Demarchelier – les ont immortalisées. De plus, l'ex-épouse de l'héritier du trône et Mme Bruni-Sarkozy ont partagé les mêmes engagements humanitaires, en faveur des femmes dans les pays pauvres ou de la lutte contre le sida en Afrique. L'aristocrate anglaise et la fille d'industriels italiens ont passé leur jeunesse dans un château au milieu d'objets d'art, même si cet environnement culturel n'a pas eu le même impact sur la première que sur la seconde.

Enfin, Diana aurait applaudi la critique faite par Carla de l'institution matrimoniale dans une interview en mai 2007 : « C'est un peu comme un piège, comme si on vous marquait au fer rouge. Tout est considéré comme acquis. Et vous devez en plus vous jurer fidélité. »

Le dîner d'apparat a donc commencé à Windsor. L'orchestre militaire joue de la musique d'ambiance. Sa

Majesté est servie. Les menus des banquets officiels sont toujours écrits en français, hommage sans doute aux ancêtres normands et angevins de la lignée Windsor. Premier plat : filet de barbue Béatrice, servi avec un Chassagne-Montrachet 2000. Deuxième plat : noisette d'agneau Bréhan, arrosé d'un Château-Margaux 1961, l'une des meilleures années du siècle pour le bordeaux, avec salade au fromage. Le savarin à la rhubarbe est présenté sur une assiette de Sèvres, cadeau de Louis XVI à la duchesse de Manchester, épouse de l'ambassadeur britannique à Paris qui, désargentée, l'avait revendue au roi George IV.

Le repas se termine par des fruits, mais la plupart des convives, incapables de manger une orange à la fourchette et au couteau, font l'impasse.

Les invités de la reine passent au salon pour prendre le café et se mêler à la famille royale et aux ministres britanniques. Là, surprise, les Sarkozy sont introuvables ! En prévision d'un emploi du temps très chargé le lendemain, le couple est allé se coucher dans la suite royale de Windsor offrant une vue prodigieuse sur le parc et le fleuve. Une entorse au protocole qui interdit aux hôtes de se retirer avant la souveraine. La reine ne leur en tiendra pas rigueur.

La délégation française semble écrasée par le faste des lieux. Intimidée, Rachida Dati reste au milieu du salon, comme pour se rassurer. Même si elle est l'une des plus élégantes invitées présentes, on sent que la garde des Sceaux n'est pas dans son élément.

À l'inverse, Camilla est parfaitement à l'aise.

La duchesse de Cornouailles s'approche d'un groupe de convives. Elle a séjourné dans une famille en France à l'âge de dix-sept ans mais parle un français scolaire. Elle souligne que des dizaines de milliers de Français sont venus s'installer récemment au Royaume-Uni. Un interlocuteur lui fait remarquer que l'Angleterre accueille les jeunes cadres français dynamiques tandis que l'Hexagone hérite des retraités britanniques grincheux. Cela la fait sourire. Elle fait impeccablement son devoir. Si quelque chose d'incongru apparaît, Camilla fait semblant de ne pas le remarquer.

La conversation porte ensuite sur les charmes de l'Entente cordiale. Alors que Camilla est admiratrice de l'Italie, elle déclare aimer la France. Il y a peut-être des raisons à cela : en effet, c'est à l'occasion d'un séjour linguistique à Paris qu'elle a découvert les garçons ! Le prince Charles, membre associé de l'Académie des sciences morales et politiques, maîtrise, lui, la langue de Voltaire. Les Windsor sont d'ailleurs francophiles et Elizabeth II parle un français impeccable.

Entre les lignes, on sent Camilla légèrement sur ses gardes à propos de sujets spécifiquement français. C'est à Paris qu'est morte Diana, sa rivale, provoquant en elle un fort sentiment de culpabilité que les années et son mariage avec Charles n'ont pas effacé. La Ville lumière avait porté aux nues la princesse Diana, invitée en 1988 avec son mari par le président Mitterrand, à l'occasion de la célébration de l'armistice de 1918. La République leur avait déroulé le tapis rouge et déployé ses fastes avec des égards habituellement réservés aux chefs d'État. Comme Carla ce matin à Heathrow, Diana avait créé l'événement en débarquant à Orly habillée de pied en cap par Chanel. Robe rouge et noir laissant une épaule largement découverte, elle avait montré son don pour le fox-trot en ouvrant le bal au bras de l'ambassadeur de Grande-Bretagne. Le bon peuple de Paris s'était bousculé sur le passage du futur roi et de son épouse.

Brusquement, la Carlamania submerge le royaume. Londres est à ses pieds. « Viva la Bruni », s'exclame le *Times*. Pour le *Guardian*, l'Angleterre « n'avait d'yeux que pour Carla, une femme libre (en français dans le texte), fantastiquement chic et socialiste rive gauche ». Les tabloïds la comparent pour son élégance à Audrey Hepburn, Nicole Kidman… et Diana.

Huit mois après le banquet de Windsor, Carla retrouve Camilla à l'Élysée en novembre 2008. Il s'agit d'une simple rencontre privée, sans protocole mais avec tapis rouge à l'entrée et nuée de photographes. Lors d'un dîner intime réunissant les deux couples ainsi qu'un ministre et un photographe avec leurs épouses, elles se sont longuement entretenues en anglais et se sont appréciées. Au-delà de la différence d'âge, elles se sont découvert des affinités. Les deux femmes se sont interrogées sur leur place dans le monde masculin et misogyne de l'aristocratie anglaise et de la politique française. Camilla n'est pas artiste, mais cette bonne aquarelliste s'intéresse de près à la peinture italienne. Si, à l'inverse du clan Bruni-Tedeschi, les Shand n'ont pas fréquenté les plus grands noms de la musique, de l'intelligentsia ou de la politique, Camilla a rattrapé ce retard aux côtés du prince Charles. Elle a le même sens de l'autodérision que Carla, ne se prenant jamais totalement au sérieux.

Et toutes deux ont provoqué des passions masculines au sommet de l'État.

CHAPITRE 16

Princes de cœur

C'est une radieuse journée de fin de printemps et les volets sont à demi clos à Kensington Palace. En ce mois de juin 1997, dans le calme discret de son salon privé du premier étage aux tons pastel et dégradés de beige, Diana reçoit Ingrid Seward, directrice de *Majesty*, le mensuel britannique des têtes couronnées. Pour la première fois, la princesse de Galles a accepté de parler de ses deux enfants, William et Harry. Diana ne cache pas son inquiétude pour ses *boys*, comme elle appelle les deux princes, âgés respectivement de quinze et onze ans : « William est l'intellectuel de la famille. C'est un introverti, un être sensible et fragile, qui n'est pas à l'aise avec les autres adolescents. Il déteste son titre de prince royal. Harry est extraverti, mais il est incontrôlable. »

Une inquiétude bien compréhensible. Certes, disputes conjugales, séparation et divorce sont le lot de nombreux enfants dans un pays où un mariage sur trois se termine en divorce. Mais William et Harry sont devenus bien malgré eux les acteurs d'un mélodrame planétaire. Les liaisons de leurs parents s'étalent à la une de tous les journaux. Et ils n'ont pas droit à l'erreur comme les autres enfants de leur âge. On ne leur pardonnera pas le moindre écart de conduite. Diana le sait. Les deux princes ont heureusement déjà le sens des fonctions qui les attendent.

Dix ans plus tard, lors de la cérémonie de remise des galons d'officiers de l'académie militaire royale de Sandhurst, c'est avec une impressionnante gravité que les deux cadets vêtus de noir ont défilé, un fusil d'assaut à l'épaule, devant leur grand-mère, la reine Elizabeth II. Une armée que les Windsor considèrent comme la meilleure école pour un gentleman.

Sous-lieutenants, William et Harry ont été affectés au régiment des grenadiers Blues and Royals. Le premier, futur monarque et commandant en chef des armées, suit les traces de son père, de son grand-père et de son oncle en apprenant à piloter dans la Royal Air Force et en se familiarisant avec les navires de guerre et les sous-marins de la Royal Navy. Il a été fait chevalier de l'ordre de la Jarretière, le plus ancien ordre de chevalerie du royaume, un geste de la souveraine soulignant son importance au sein de la famille royale. Le second a servi en Afghanistan avec son régiment de cavalerie royale.

Diana n'avait pas voulu voir ses enfants, élevés avec amour et sans trop de contraintes, vifs et enjoués, se durcir dans un univers uniquement militaire. Elle souhaitait qu'ils participent à l'un des principaux rôles de la royauté dans la vie de la nation, la philanthropie. C'est l'autre face, bienveillante, de la monarchie qu'illustrent la bonne centaine d'organisations caritatives parrainées par Diana. Son charisme faisait des miracles quand il s'agissait de lever des fonds lors des galas payants en l'honneur d'un film, d'une exposition ou d'un opéra. La princesse était imbattable pour faire sortir aux riches leur portefeuille, ce qui n'est pas plus aisé en Angleterre qu'ailleurs.

La princesse gâtait beaucoup ses enfants. Elle vivait et respirait pour eux. Ils étaient tout pour elle. Ils étaient sa vie. La princesse souhaitait que ses deux garçons, qui n'ont jamais eu à lever le petit doigt, prennent conscience que le monde, le vrai, n'est pas fait que de châteaux, de domestiques, de fêtes et de yachts. William rendait ainsi visite à des refuges de sans-abris, des centres de désintoxication pour jeunes drogués, des hôpitaux. « Ce sont des êtres humains comme nous. Ils ont droit aux vêtements, à être au chaud », disait-elle à son fils aîné après avoir écouté les interminables malheurs des clochards abrités sous le pont de Waterloo, sur les quais déserts du Victoria Embankment. C'est Wills qui lui donna l'idée de mettre aux enchères une partie de ses robes chez Christie's au profit de deux de ses associations, l'Aids Crisis Trust et le Royal Marsden Hospital Cancer Trust. À dix-huit ans, Harry décida de parrainer des programmes d'aide aux orphelins du sida en Afrique.

William et Harry ont donc appris très jeunes, au contact des plus démunis, que la vie n'est pas un long fleuve tranquille. Au fond, ils le savaient déjà. Eux non plus n'ont pas été épargnés par les épreuves.

Dès la naissance de William, en 1982, Charles et Diana se disputaient sur tout. Elle voulait un prénom moderne mais dut se ranger au choix de son mari, épaulé par la reine : ce serait William, appellation royale et hommage à Guillaume le Conquérant, suivi d'Arthur, Philip et Louis. La désignation des parrains, en particulier le philosophe Sir Laurens Van der Post, soixante-seize ans, gourou de Charles, et des marraines provoqua également la discorde. La mère se sentit exclue du baptême de son fils au palais de Buckingham, le 4 août 1982, accompagné « de photos à n'en plus finir de la reine mère, de Charles, de William. C'était comme si je n'existais pas pendant toute la journée », confia la princesse par la suite. En revanche, Charles et Diana s'accordèrent sur le choix des écoles ainsi que sur le rôle des nounous.

Quand Harry vit le jour, en 1984, le couple était déjà en crise. Le monde clos de la nursery, située sous les combles de Kensington Palace, entièrement dédiée aux enfants, les protégea des scènes de ménage de plus en plus fréquentes : Diana en larmes, Charles claquant les portes.... Ensuite, le pensionnat servit de sanctuaire face aux conflits incessants entre leurs parents. Pendant les vacances, ballottés entre Highgrove et Kensington Palace, les deux gamins prenaient conscience de la crise.

Leur univers s'écroula lors de l'annonce de la séparation en 1992. L'effet sur William, le plus âgé, fut dramatique. « Pour mon anniversaire, ne pourriez-vous pas vous remettre ensemble ? » demanda-t-il sur un ton suppliant à sa mère.

De gamin heureux et espiègle, Wills le bagarreur se transforma en un adolescent introverti, triste, méfiant. Les épreuves infligées par le palais à sa mère, dont il était particulièrement proche, le révoltèrent. Harry, lui, était trop jeune pour saisir ce qui se passait.

Les enfants furent écartelés entre les deux parents en guerre pour leur affection. Au grand dam de Charles, Diana se rendait sans cesse à leur école, jusqu'à trois fois par semaine.

Quand, en 1991, le prince William fut frappé à la tête par une canne de golf, elle se précipita à l'hôpital en faisant prévenir au préalable les rédactions. Conscient que l'opération que devait subir son fils était mineure, Charles continua à vaquer à ses occupations officielles. Le lendemain, le *Daily Mirror* enfonça le clou : « Quel genre de père êtes-vous ? »

En représailles, Charles recruta comme nounou Alexandra « Tiggy » Legge-Bourke. Les princes adoraient cette grande bourgeoise maternelle, exubérante, sportive et excellent fusil. Toutefois, Diana la soupçonnait de vouloir la supplanter auprès de ses enfants. La princesse l'insulta publiquement lors de la fête de Noël des employés du palais de St. James, en l'accusant de s'être fait avorter d'un bébé conçu avec le prince de Galles. On n'est pas plus aimable.

En 1994, William fut déchiré en entendant son père affirmer à la télévision qu'il n'avait jamais été amoureux de sa mère. Le pire était pourtant à venir. Un an plus tard, la veille de la diffusion de son interview au magazine télévisé *Panorama*, la princesse se rendit au collège d'Eton pour prévenir son fils aîné. Au bord des larmes, Wills rejoignit le dortoir sans l'embrasser en lui jetant un regard triste. Dans la nuit, le proviseur d'Eton fit enlever les télévisions de tous les réfectoires, mais autorisa William à suivre le programme dans son bureau.

« Nous étions trois dans ce mariage » : il prit soudain conscience de l'importance de Camilla dans la vie de son père. Jusque-là, il avait croisé cette fréquente visiteuse sans se douter qu'elle était la maîtresse paternelle. Car, malgré sa haine de Camilla, Diana n'avait jamais évoqué devant William et Harry son rôle dans son ménage. Et ce ne fut pas la seule révélation. « Oui, je l'adorais (Hewitt). Oui, j'étais amoureuse de lui. Mais j'ai été très déçue » : William découvrit également que le major Hewitt, qui leur avait enseigné l'équitation et auquel ils s'étaient attachés, avait été pendant cinq années l'amant de leur mère.

Devant un tel déballage, il se sentit davantage Borgia que Windsor...

Étrangement, William trouva du réconfort auprès d'Elizabeth II qui se révéla une grand-mère aimante pour ses petits-enfants. Grand, athlétique (un mètre quatre-vingt-dix), beau garçon, très courtisé par les jeunes filles, William a de nombreux points communs avec son grand-père Philip : l'amour des sports de plein air comme de la chasse, la passion de l'histoire militaire. Tous les dimanches, au cours d'un déjeuner ou à l'heure du thé, l'adolescent discutait avec ses grands-parents de sa future carrière militaire et des servitudes de la future charge royale. Sorti du moule d'Eton, le deuxième dans l'ordre de succession au trône a le sens du commandement et a fait l'apprentissage de la vie en communauté. Aux yeux de la souveraine, il a l'étoffe pour régner. La personnalité de son petit-fils est double. Sérieux comme son père, il cultive les bonnes vieilles valeurs traditionnelles de sa caste et croit aux fastes de la royauté. En privé, c'est un autre garçon qui apparaît, beaucoup plus détendu ; l'esquisse d'un sourire dissimule une grande sensibilité adaptée à notre époque.

Diana redoutait avant toute chose que la famille royale ne prenne peu à peu ses enfants. « À Balmoral, ils font des trucs virils. Ils tuent des choses », se plaignait-elle.

Avec la révélation des trahisons respectives de leurs parents, les princes ont ouvert les yeux sur les travers de leur propre famille. Mais c'est surtout la mort de leur mère qui va bouleverser leur univers.

Le futur William V est pris d'une phobie envers les journalistes qu'il tient pour responsables de la disparition de la princesse de Galles. Cette profonde aversion pour les médias est d'ailleurs l'un des motifs d'une certaine réticence à jouer le rôle public que la reine souhaite lui voir endosser. Pour sa part, Harry, qui sait mieux amadouer et se jouer de la presse, défraye la chronique en attaquant les paparazzi qui le harcèlent.

Les deux jeunes gens vouent une véritable haine aux anciens serviteurs indélicats de la famille – Paul Burrell, Patrick Jephson et Ken Wharfe – qui, moyennant espèces trébuchantes, ont trahi la mémoire de leur mère. Les fausses révélations d'un valet sur certaines pratiques sexuelles prêtées à Charles les ont révulsés. William et Harry n'ont jamais revu depuis les vacances de juillet 1997 le père de Dodi, Mohammed al-Fayed, auquel ils ne pardonnent pas ses accusations de complot contre les Windsor. Les rapports avec leur oncle, Lord Spencer, qui avait attaqué le prince Charles dans l'éloge funèbre de sa sœur, sont distants.

Tandis que William se referme sur lui-même, Harry se transforme en petite terreur. Il se soûle, fume des joints, se découvre des pulsions racistes. En janvier 2005, des photos le montrent déguisé en nazi lors d'une soirée costumée. En janvier 2009, il doit présenter ses excuses pour avoir qualifié un membre de son unité militaire de « paki ».

Le cercle d'amis des princes – discrets, dévoués, loyaux – est totalement issu de l'aristocratie et de la haute bourgeoisie ancienne du royaume. Soirées arrosées et fêtes costumées rythment les week-ends de ce groupe basé dans les *shires*, la campagne anglaise. Il s'agit d'un monde où l'on se connaît depuis le berceau, coupé de la réalité, doté d'un fort sentiment de supériorité leur donnant une impression d'impunité.

Ainsi, le prince William organise pour célébrer ses vingt et un ans une party costumée sur le thème *Out of*

Africa en se déguisant en Zoulou. Une caricature vulgaire et raciste où seul manque le visage recouvert de cirage. Pour plaisanter, un journal populaire inclut dans sa liste des épouses potentielles de William le nom du chanteur gay de Boyzone, Stephen Gately, à l'époque le groupe favori du prince. S'il n'est pas tombé dans le piège de l'homophobie, William a répondu avec une morgue élitiste : « Un futur roi et le fils d'une femme de ménage de Dublin ? C'est impossible, ça ne peut pas marcher. »

Dernière conséquence de la saga du ménage à trois, les deux frères sont devenus inséparables. William a gardé une relation proche avec Harry envers lequel il se montre très protecteur. Un incident survenu au Rathbone Inn, pub campagnard situé à quelques encablures de Highgrove, l'atteste. Harry commande au comptoir plusieurs pintes de *lager*. Aux yeux de cet impatient déjà passablement éméché, le serveur, un Français, prend trop de temps pour pomper la bière au tonneau. Furieux, Harry lance un « *bloody Frogies* » (« putains de Français »). William s'interpose et exige de son cadet qu'il présente des excuses. Et puis, rieur, il lui glisse, en imitant la guillotine : « Fais gaffe, frangin, tu sais ce qui est arrivé à la famille royale française !... » Tant pis pour l'Entente cordiale !

Pourtant, sur le sujet de l'officialisation de la relation entre Charles et Camilla, les deux frères ont eu des avis divergents. A priori, l'aîné aurait dû accepter plus facilement la complice de son père que le cadet, qui aurait dû la considérer comme une usurpatrice. Dans la réalité, c'est l'inverse.

Très mûr pour son âge, William était le plus proche confident de sa mère. Après sa disparition, il vit mal la décision du prince de Galles de confier à Camilla la redécoration du manoir de Highgrove. À la demande de Charles, elle a fait disparaître toutes les traces de la princesse. Par ailleurs, le fils aîné ressent comme une intrusion la présence constante de la maîtresse dans leur vie. Il redoute son influence auprès de son père et ne parvient pas à lui pardonner en son for intérieur d'avoir sabordé le mariage de ses parents. Harry a, semble-t-il, moins de difficultés à tourner la page.

Les princes finiront pourtant par accepter leur future belle-mère. Camilla a su, il est vrai, faire preuve d'un grand tact. Elle ne s'est jamais imposée, n'a jamais tenté d'interférer dans leur vie. Elle est constamment restée dans l'ombre pour ne pas éclipser leur père. Elle sait d'instinct repérer les flagorneurs et les lèches-bottes auxquels Charles est si sensible ou ceux qui flattent son côté intellectuel. Par ailleurs, ces jeunes gens, très attentifs au protocole et qui n'apprécient pas la familiarité, voient d'un bon œil le retour, imposé à Camilla, à un certain décorum à Highgrove. Les relations avec le personnel sont redevenues formelles. Finies, par exemple, les virées dans les cuisines, comme du temps de Diana, pour manger un hamburger ou boire un Coca. Il faut désormais passer par les serviteurs et le majordome.

Surtout, William et Harry se réjouissent de voir leur père enfin heureux. Et ils savent que Camilla est la clé de ce bonheur. « Pour être franc, comme William, j'ai toujours été proche d'elle. J'insiste, elle n'est pas une mauvaise belle-mère. Sa situation est impossible. Il ne faut pas se plaindre de notre sort, mais du sien. C'est une femme merveilleuse et elle a rendu notre père heureux, ce qui est important » : cette remarque du prince Harry atteste de cette affection.

Sans pour autant effacer la mémoire de leur mère. Lors de la commémoration officielle du dixième anniversaire de la mort de la princesse Diana, le 31 août 2007, le prince Harry a prononcé un hommage touchant à sa mère : « On se souviendra toujours d'elle pour son extraordinaire action publique. Cependant, loin des médias, pour nous, deux enfants aimants, elle était tout simplement la meilleure maman au monde. »

On prête à Farouk, ex-roi d'Égypte, ce mot prophétique. Saisissant les rois d'un jeu de cartes, l'ancien monarque destitué s'écria : « Encore quelques années et il n'y aura plus que cinq rois au monde : ceux de ce jeu et celui d'Angleterre. » Aux côtés de Camilla, Charles, l'héritier du trône, a redoré son blason.

Les aventures amoureuses de William et de Harry ont chassé le prince de Galles et la duchesse de la une des journaux. Comme Diana, « princesse des cœurs », William et Harry sont des « princes de cœur ».

Et la Couronne d'Angleterre paraît plus solide qu'elle ne l'a jamais été.

Conclusion

Nul plus que Shakespeare n'imprègne l'Angleterre. Rien de ce qui la touche ne peut se comprendre sans lui. Et ce ménage à trois se lit comme une tragédie du maître de Stratford-upon-Avon. Charles, c'est Hamlet, le prince troublé du Danemark, peu sûr de lui, mélancolique, passif, mais aussi déterminé et compatissant. Camilla serait une Lady Macbeth en plus doux, personnage mêlant désir féminin, manipulation et domination. Enfin, Diana fait immanquablement penser à Desdémone, la jeune épouse d'Othello, dit le Maure, devenue piège à fantasmes si puissants qu'elle s'y est immolée. Le destin a fait son œuvre dans des vies réglées en bouleversant une voie toute tracée.

Shakespeare savait d'instinct provoquer les larmes mais aussi le rire. Un homme et deux femmes, un adultère, la famille et les amis, les mensonges, les indiscrétions, les rebondissements, le tout sous le regard impassible de Sa Majesté : cette chronique intime a aussi tous les ingrédients d'une comédie de mœurs.

Charles-Camilla-Diana, ce n'est pas seulement une formidable histoire d'amour, c'est aussi une extraordinaire saga de cynisme et d'utilitarisme comme seule une vieille dynastie peut en créer.

Ainsi, née en 1819, montée sur le trône à l'âge de dix-huit ans, la reine Victoria s'enferme dans un veuvage rigoureux à l'issue du décès de son époux adoré, le prince Albert. Quand la souveraine sort, il n'est pas rare que son carrosse essuie des jets de tomates. Un conseiller a alors l'idée de donner du faste à une monarchie brillant jusque-là par sa discrétion. De cette époque datent la relève de la garde, le balcon au fronton de Buckingham Palace et l'aménagement du parvis afin que le bon peuple puisse s'y masser plus commodément pour applaudir le monarque. La cote de Victoria s'en trouve stimulée tandis que celle de ses opposants républicains décline.

Quand l'impératrice des Indes meurt en 1901, le sceptre passe à l'épicurien Edward VII, que sa mère a toujours méprisé. Marié à Alexandra de Danemark, ce franc buveur, joueur de cartes et coureur de jupons impénitent apprécie les cocottes. L'artisan de l'Entente cordiale meurt en 1910 à la suite d'un coup de froid fatal, après un règne de neuf ans. Son successeur, George V, remet au goût du jour les valeurs familiales victoriennes.

Lorsqu'il monte sur le trône le 20 janvier 1936, Edward VIII, vieux garçon triste, qui fait penser à Charles par certains côtés, connaît depuis plusieurs années Mrs Wallis Simpson qui vit à Londres avec son second mari. Wallis l'initie aux délices du sadomaso-chisme. Le divorce de cette dernière, au mois d'octo-bre 1936, déchaîne la presse d'outre-Atlantique qui, aussitôt, fait d'une Américaine une future reine d'Angleterre. Le Premier ministre et l'archevêque de Canterbury sont hostiles au mariage du roi avec une divorcée qui traîne une réputation d'intrigante. Le 10 décembre 1936, Edward VIII abdique pour épouser, dit-il, « la femme que j'aime ». Une passion qui trouve un écho dans la *love story* Charles-Camilla.

Son frère, le duc d'York, est couronné le 12 mai 1937 sous le nom de George VI aux côtés de son épouse, la reine Elizabeth. La vie un peu guindée de la famille royale satisfait le besoin de stabilité du royaume qui a connu trois souverains en un an.

George VI meurt dans son sommeil le 6 février 1952. Le règne de sa fille aînée, Elizabeth II, est secoué par les sentiments. Son mari, Philip d'Édimbourg, aime les femmes, ce n'est un secret pour personne. On l'a sou-vent vu longuement danser, parfois flirter en public, jamais plus ; en privé, c'est peut-être une autre affaire. La sœur de la souveraine, la princesse Margaret, morte en 2002, collectionne les soupirants. Son comportement volage est la conséquence des deux grands ratages de sa vie sentimentale, son idylle avec le *group captain* Peter Townsend et son mariage raté avec Anthony Armstrong Jones dont elle divorce. Trois des quatre mariages des enfants de Philip et Elizabeth ont connu le même sort.

Aux pires heures de la crise, beaucoup se demandaient si la monarchie britannique n'était pas devenue, ainsi que le disait Byron de l'Italie, la triste mère d'un empire défunt. L'institution royale a survécu aux frasques des joyeux héritiers Windsor. Peut-être parce que le souverain tient une place centrale dans cette nation que les crises du cœur et les assauts d'une presse vorace n'ont jamais menacée.

La démocratie couronnée jouit plus que jamais de l'adhésion de ses sujets.

Honni soit qui mal y pense...

ANNEXES

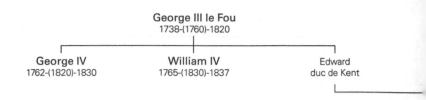

George III le Fou
1738-(1760)-1820

George IV
1762-(1820)-1830

William IV
1765-(1830)-1837

Edward
duc de Kent

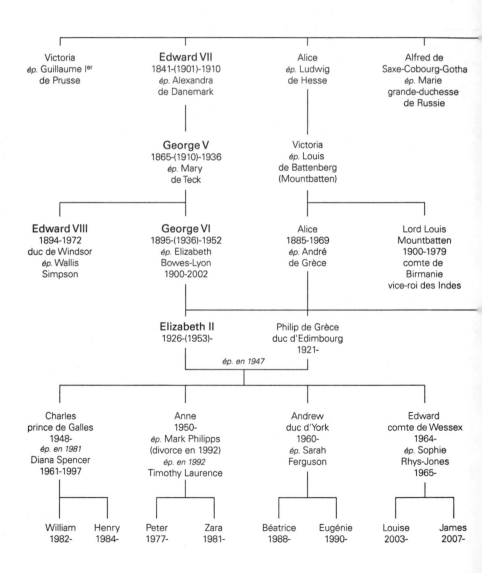

Victoria
ép. Guillaume Ier
de Prusse

Edward VII
1841-(1901)-1910
ép. Alexandra
de Danemark

Alice
ép. Ludwig
de Hesse

Alfred de
Saxe-Cobourg-Gotha
ép. Marie
grande-duchesse
de Russie

George V
1865-(1910)-1936
ép. Mary
de Teck

Victoria
ép. Louis
de Battenberg
(Mountbatten)

Edward VIII
1894-1972
duc de Windsor
ép. Wallis
Simpson

George VI
1895-(1936)-1952
ép. Elizabeth
Bowes-Lyon
1900-2002

Alice
1885-1969
ép. André
de Grèce

Lord Louis
Mountbatten
1900-1979
comte de
Birmanie
vice-roi des Indes

Elizabeth II
1926-(1953)-

Philip de Grèce
duc d'Edimbourg
1921-

ép. en 1947

Charles
prince de Galles
1948-
ép. en 1981
Diana Spencer
1961-1997

Anne
1950-
ép. Mark Philipps
(divorce en 1992)
ép. en 1992
Timothy Laurence

Andrew
duc d'York
1960-
ép. Sarah
Ferguson

Edward
comte de Wessex
1964-
ép. Sophie
Rhys-Jones
1965-

William
1982-

Henry
1984-

Peter
1977-

Zara
1981-

Béatrice
1988-

Eugénie
1990-

Louise
2003-

James
2007-

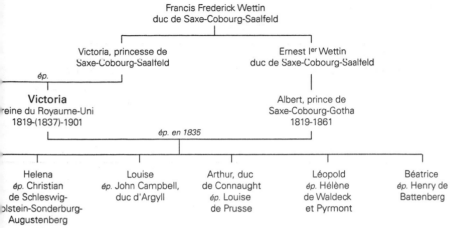

Francis Frederick Wettin
duc de Saxe-Cobourg-Saalfeld

Victoria, princesse de
Saxe-Cobourg-Saalfeld

Ernest Ier Wettin
duc de Saxe-Cobourg-Saalfeld

ép.

Victoria
reine du Royaume-Uni
1819-(1837)-1901

Albert, prince de
Saxe-Cobourg-Gotha
1819-1861

ép. en 1835

Helena	Louise	Arthur, duc	Léopold	Béatrice
ép. Christian	*ép.* John Campbell,	de Connaught	*ép.* Hélène	*ép.* Henry de
de Schleswig-	duc d'Argyll	*ép.* Louise	de Waldeck	Battenberg
olstein-Sonderburg-		de Prusse	et Pyrmont	
Augustenberg				

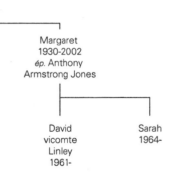

Margaret
1930-2002
ép. Anthony
Armstrong Jones

David
vicomte
Linley
1961-

Sarah
1964-

Chronologie

1947	Naissance de Camilla Shand à Londres.
1948	Naissance du prince Charles à Buckingham Palace.
1961	Naissance de Lady Diana Spencer à Park House, dans le Norfolk.
1971	Le prince Charles et celle qui s'appelle encore Camilla Shand se rencontrent lors d'un match de polo dans le parc de Windsor.
1973	Camilla épouse Andrew Parker Bowles, officier de cavalerie.
Fin des années 70	Reprise de la relation Charles-Camilla.
27 août 1979	Mort de Lord Mountbatten.
29 juillet 1981	Lady Diana Spencer épouse le prince Charles.
21 juin 1982	Naissance du prince William.

14 septembre 1984	Naissance du prince Harry. Charles et Camilla redeviennent amants peu après.
1985	Première rumeurs dans *Vanity Fair* d'une crise au sein du couple Charles-Diana.
1992	Le comte Spencer meurt d'une crise cardiaque. Publication de *Diana, sa vraie histoire*, livre écrit par Andrew Morton avec la coopération de la princesse de Galles.
Décembre 1992	Le Premier ministre conservateur John Major annonce que Charles et Diana se séparent « à l'amiable ».
1993	Le Camillagate est exposé au grand public. Diana se retire de la vie publique.
1994	Dans un entretien avec Jonathan Dimbleby, Charles reconnaît avoir trompé Diana après l'échec de leur mariage. Dans une biographie autorisée publiée ensuite, la liaison de Charles et Camilla est confirmée.
1995	Camilla et Andrew Parker Bowles divorcent. Diana donne à son tour une interview télévisée, dans laquelle elle lance : « Il y avait embouteillage, nous étions trois dans ce mariage. »

Chronologie

1996	Publication du décret de divorce entre Charles et Diana.
31 août 1997	La princesse Diana trouve la mort dans un accident de la circulation à Paris.
Octobre 1998	Charles et Camilla apparaissent en public.
Janvier 1999	Nouvelle apparition en public de Charles et Camilla pour un anniversaire à l'hôtel Ritz de Londres. Cette même année, Camilla rencontre le prince William officiellement pour la première fois.
Juin 2000	La reine reconnaît la relation entre Charles et Camilla en assistant à une cérémonie à laquelle participe également la compagne du prince.
Juillet 2002	Camilla participe à sa première obligation officielle.
10 février 2005	Clarence House annonce les fiançailles de Charles et Camilla.
9 avril 2005	Mariage de Charles et Camilla à Windsor.

Que sont-ils devenus ?

Andrew Parker Bowles
Après sa retraite de l'armée en 1994 et son divorce d'avec Camilla un an plus tard, il épouse son amie de longue date, Rosemary Pitman. Proche de la reine, il est resté en bons termes avec la duchesse de Cornouailles. Il est directeur d'une compagnie gérant des hippodromes et d'un groupe immobilier.

Tom Parker Bowles
Le fils d'Andrew et Camilla a épousé en 2005 une journaliste de mode. Chroniqueur gastronomique, il anime une émission culinaire à la télévision.

Laura Parker Bowles
Gérante d'une célèbre galerie d'art londonienne, la fille d'Andrew et Camilla a épousé un mannequin de Calvin Klein d'origine aristocratique.

Robert Fellowes
Élevé à la Chambre des lords après son départ de Buckingham Palace en 1998, l'ex-secrétaire particulier de la reine et beau-frère de Diana préside Private Banking Barclays.

Robin Janvrin
Après avoir quitté Buckingham Palace en 2007, l'ex-secrétaire particulier de la reine a été fait pair du royaume. Lord Janvrin est vice-président de HSBC Private Bank.

Sarah Ferguson
Après son divorce d'avec le prince Andrew, en 1996, la duchesse d'York s'est lancée avec succès dans une carrière internationale : porte-parole aux États-Unis de l'organisation Weight Watchers International, présidente d'organisations caritatives britanniques d'aide à l'enfance, auteur de livres à succès pour enfants.

Sarah Spencer
Ex-petite amie du prince Charles, la sœur aînée de Diana a épousé Neil Edmund McCorquodale, neveu de sa belle-mère, Raine de Chambrun, en 1980. Elle préside le Diana Princess of Wales Memorial Fund.

Lord Spencer
Le 9ᵉ comte Spencer a connu deux divorces hautement médiatisés, de Victoria Lockwood et de Caroline Freud. En 1998, le frère de Diana a ouvert un musée, surnommé Dianaland, dans son domaine d'Althorp.

Frances Shand Kydd
Convertie au catholicisme, la mère de Diana est morte en 2004, à l'âge de soixante-huit ans, d'un cancer.

Le marquis de Douro
Le prétendant au titre de duc de Wellington, qui a aidé Charles à cacher son idylle avec Camilla, est administrateur de sociétés.

James Hewitt
Après la mort de Diana, son ex-amant a publié ses mémoires, *Love and War,* et participé à de nombreuses émissions de téléréalité. En 2002, l'ex-officier de la garde royale a publiquement démenti être le vrai père du prince Harry. Après avoir été arrêté en 2004 pour possession de cocaïne, il s'est installé à Marbella.

Will Carling
L'ex-capitaine de l'équipe d'Angleterre a créé sa compagnie d'événementiel et un site internet de socialisation destiné aux amateurs du ballon ovale. Il est aussi commentateur de rugby à la télévision.

Hasnat Khan
Le grand amour de Diana a continué son travail de chirurgien à Londres jusqu'en 2006, quand il est rentré au Pakistan pour épouser Hadia Sher Ali dont il a divorcé dix-huit mois plus tard.

Mohammed al-Fayed
Le magnat égyptien a poursuivi jusqu'au bout devant les tribunaux sa bataille contre la famille royale qu'il juge responsable de la mort de la princesse et de son fils Dodi, à Paris en 1997. En avril 2008, le propriétaire de Harrods a accepté « avec réserve » le verdict de la Haute Cour de Lon-

dres concluant à un homicide dû à la vitesse excessive du chauffeur en état d'ébriété et aux paparazzi aux trousses de la Mercedes. Le sulfureux homme d'affaires cède progressivement la direction de son entreprise à son fils Omar.

Amanda Knachtbull
La petite-fille de Lord Mountbatten, qui avait refusé la proposition de mariage du prince Charles en 1979, a épousé Charles Vincent Ellingworth en 1987.

Tony Blair
Premier ministre entre 1997 et 2007, l'ancien locataire du 10 Downing Street est le représentant du Quartet au Proche-Orient et consultant de banques internationales. Converti au catholicisme, il est conférencier sur les relations entre la foi et la mondialisation.

John Major
L'ex-Premier ministre conservateur (1990-1997) est directeur de la firme de capital-investissement américaine Carlyle. Il a refusé son élévation à la Chambre des lords à laquelle ont droit les ex-chefs du gouvernement. En 2002, l'ex-secrétaire à la Santé, Edwina Currie, a révélé qu'elle avait eu une longue liaison avec le ministre, à l'époque marié, dans les années quatre-vingt.

Margaret Thatcher
Élevée à la Chambre des lords, Lady Thatcher se tient à l'écart de la politique pour des raisons de santé.

Que sont-ils devenus ?

Lord Tryon

Divorcé en 1997 de Kanga, l'ex-amie du prince Charles, le 3ᵉ baron est gentleman-farmer en Écosse. Il est resté très proche de l'héritier du trône.

Stephen Barry

Après avoir été forcé à la démission par Diana à la fin 1981, le valet du prince a publié une autobiographie deux ans plus tard. Il est mort du sida en 1986.

Paul Burrell

Auteur d'une autobiographie, *A Royal Duty*, l'ancien majordome et confident de Diana a vendu ses souvenirs aux journaux mais a vu sa vie privée saccagée par les révélations sur ses relations homosexuelles d'avant son mariage avec Maria, ex-chambrière du duc d'Édimbourg. Il a ouvert un magasin de fleurs près de Chester.

Bibliographie

Anderson, Christopher, *After Diana : William, Harry, Charles and the Royal House of Windsor*, Hyperion, 2008.

Bedell Smith, Sally, *Diana : The Life of a Troubled Princess*, Random House, 1999.

Bower, Tom, *Fayed : The Unauthorised Biography*, Macmillan, 1998.

Bradford, Sarah, *Elizabeth*, Mandarin, 1996.

Brown, Tina, *The Diana Chronicles*, Arrow Books, 2008.

Burrell, Paul, *A Royal Duty*, Michael Joseph, 2003.

Cannadine, David, *The Decline & Fall of the British Aristocracy*, Picador, 1992.

Carpenter, Humphrey, *Robert Runcie : The Reluctant Archbishop*, Sceptre, 1992.

Caradec'h, Jean-Michel, *Lady Diana, l'enquête criminelle*, Michel Lafon, 2006.

Dimbleby, Jonathan, *The Prince of Wales*, Warner Books, 1994, éd. rév. 1998.

Etherington-Smith, Meredith (Patrick Kinmouth éd.), *Diana, Princess of Wales*, photographie de Mario Testino, Taschen, 2005.

Gillery, Francis, *Lady Died*, Fayard, 2006.

Graham, Caroline, *Camilla, Her True Story*, John Blake Publishing, 2006.

Graham, Caroline, *Camilla & Charles : The Love Story*, John Blake Publishing, 2006.

Gregory, Martyn, *The Diana Conspiracy Exposed*, Olmstead Press, 1999.

Hewitt, James, *Love and War*, John Blake Publishing, 1999.

HRH The Prince of Wales & Charles Clover, *Highgrove, Portrait of an Estate*, Phoenix, 2002.

Jephson, Patrick, *Shadows of a Princess*, HarperCollins, 2000.

Junor, Penny, *Charles : Victim or Villain ?*, HarperCollins, 1998.

Lafaille, Chris, *Diana, l'enquête jamais publiée*, Scali, 2007.

Longford, Elizabeth, *The Royal House of Windsor*, Weidenfeld & Nicholson, éd. rév., 1984.

MacArthur, Brian (éd.), *Requiem*, Pavilion, 1997.

Morton, Andrew, *Diana, Her True Story, in Her Own Words*, Michael O'Mara Books, 1997 ; trad. fr. : *Diana, sa vraie histoire par elle-même*, Plon, 1998.

Bibliographie

Orbach, Susie, *The Impossibility of Sex*, Penguin, 1999.

Pontaut, Jean-Marie, et Dupuis, Jérôme, *Enquête sur la mort de Diana*, Stock, 1998.

Riddington, Max & Naden, Gavan, *Frances*, Michael O'Mara Books, 2003.

Seitz, Raymond, *Over Here*, Weidenfeld & Nicolson, 1998.

Seward, Ingrid, *William & Harry, the People's Princes*, Carlton Books, 2008.

Souhami, Diana, *Mrs Keppel and Her Daughter*, Flamingo, 1997.

Tyrrel, Rebecca, *Camilla : An Intimate Portrait*, Short Books, 2003.

Wharfe, Ken, *Diana : Closely Guarded Secret*, Michael O'Mara Books, 2002.

Wilson, Christopher, *A Greater Love : Charles & Camilla*, Headline, 1994.

Wilson, Christopher, *The Windsor Knot*, Pinnacle, 2002.

Table

Diana. Une mort annoncée,
avec Nicholas Farrell, Scali, 2006

Elizabeth II, la dernière reine,
La Table ronde, 2007